CH. PAUL DE KOCK

MADAME TAPIN

ÉDITION ILLUSTRÉE DE VIGNETTES

Prix : 80 centimes

PARIS

VICTOR BENOIST ET Cⁱᵉ, ÉDITEURS, RUE GIT-LE-CŒUR, 10, A PARIS

ANCIENNE MAISON CHARLIEU ET HUILLERY.

VICTOR BENOIST ET Cⁱᵉ — EDITION ILLUSTRÉE — 10, RUE GIT-LE-CŒUR, 10

MADAME TAPIN

PAR CH. PAUL DE KOCK

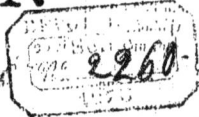

I

APOLLON ET SON SOLEIL

— Ne poussez donc pas, monsieur ! est-ce que vous voulez vous mettre devant tout le monde ?... Nous ne sommes pas ici à la queue d'un théâtre, et je ne veux pas avancer davantage !...

— Vous êtes bien peu complaisant, jeune homme... C'est justement parce que nous sommes dans la rue que j'ai le droit d'avancer... on ne paye pas ses places, ici...

— Est-il embêtant, ce petit gros-là !... Nous sommes ici pour entendre le chanteur; est-ce que vous ne l'entendez pas aussi bien là que là ?

— Jeune homme, si vous connaissiez les lois de la physique, vous sauriez que tous nos sens ont quelque rapport ensemble; par conséquent, on entend bien mieux les paroles quand on voit celui qui les chante... C'est pour ça que je veux voir le chanteur.

— Eh bien, tenez, vous allez le voir tout à votre aise... car j'en ai assez, moi ! C'est déjà pas si amusant ce qu'il nous roucoule, ce chanteur... avec ses airs d'opéra... ses roulades, ses fignolements... J'aime mieux *la Femme à barbe*, ou *Marie trempe ton pain*... Zut ! je me la brise !

Le jeune voyou, qui n'est pas content du chanteur, quitte alors la foule rassemblée sur la place de la Bastille, et celui qui enviait sa place s'empresse de la prendre, en disant à une femme du peuple qui est à côté de lui :

— Il a bien fait de s'en aller, ce méchant gamin; quand on ne sait pas apprécier la musique, on ne l'écoute pas. Moi, je soutiens que ce chanteur a du goût et de la voix... c'est-à-dire qu'il a dû avoir une très-jolie voix, mais on devine que la boisson l'a considérablement éraillée... ce qui n'empêche pas qu'il ait encore par moments de très-jolies notes de baryton.

La femme à laquelle ce monsieur s'adresse lui répond :

— Oh ! oui, monsieur... il a de belles notes dans le bas ton... Moi, sa voix me remue... que j'en suis toute chose... Dernièrement il a chanté *Vivre loin de ses amours*... ça m'a fait pleurer; ça m'a rappelé mon homme, qui est allé faire des boulettes à Alger...

— Votre mari fait des boulettes?

— Oui, monsieur, il est pâtissier... et il a une voix de rossignol... Je ne me lassais pas de l'écouter !

— Cela prouve, madame, que vous avez l'oreille musicale, que vous sentez la musique !...

— Elle sent aussi diablement l'ail!... dit une jeune bonne, tout en souriant à un tourlourou, et celui-ci s'empresse de répondre :

— Oh! l'ail... j'en suis folle!... que je ferais des turpitudes pour le morceau de pain frotté de ce parfum, et que l'on met dans une salade de chicorée... Et vous, mademoiselle?

— Oh! moi, ce n'est pas mon goût; je préfère la vanille... C'est ça qui embaume!... J'en mets partout. Mais il y a des maîtres bien ridicules! Ma maîtresse s'est fâchée parce que j'avais fourré un morceau de vanille au lieu d'ail dans le manche du gigot.

— Il fallait mettre les deux, tout le monde aurait été satisfait...

— Chut! taisez-vous... Apollon chante *le Sénateur*, de Béranger!

— Apollon? Qu'est-ce que c'est qu'Apollon?... Où prenez-vous ce particulier, jeune femme de chambre?

— Mais c'est le nom du chanteur... Voilà plusieurs jours qu'il vient chanter à cette place... Je suis en maison en face. Je descends toujours pour l'entendre. J'ai même un peu causé avec lui. Il est très-aimable! Il a voulu me payer de la bière; mais je n'ai pas accepté...

— Moi, s'il voulait me payer du vin, je vous assure que j'accepterais...

— Il joue aussi très-bien du violon, Apollon, et il s'accompagne joliment.

— Moi, je n'aime pas le violon, je préfère la clarinette; s'il s'accompagnait avec une clarinette, ce serait bien plus agréable !

La jeune bonne hausse les épaules et ne répond plus au tourlourou.

Le chanteur, que la foule entourait, et qui depuis quelques jours venait se faire entendre sur la place de la Bastille, était un homme de quarante-huit ans, mais qui paraissait beaucoup plus âgé, parce que des excès de tous les genres avaient de bonne heure altéré ses traits et détérioré toute sa personne. Il était grand et bien fait, mais maintenant il se tenait si mal, sa tournure était si dégingandée, qu'il était difficile de deviner là-dessous un homme dont la taille était bien prise; il en était de mêmep our sa figure. Ses traits, qui avaient été beaux, étaient flétris, déformés. Il avait perdu une partie de ses dents, ses joues étaient creuses, ses yeux fort grands, cerclés de noir, et leur expression, annonçant souvent l'ivresse, était devenue morne, terne quand il était à jeun. Quelquefois, cependant, un éclair semblait animer ces yeux-là; c'était alors un souvenir du passé qui revenait dans sa mémoire, mais ne durait pas, et sa physionomie reprenait bientôt cet air d'insouciance que donne l'habitude du cabaret.

Apollon, puisque c'est le nom que l'on donnait au chanteur, et que lui-même s'était donné depuis qu'il s'était fait musicien ambulant, n'avait conservé de son beau temps que ses cheveux, qui étaient encore fort abondants sur sa tête. Par exemple, de noirs qu'ils avaient été, ils étaient devenus gris, mais ils bouclaient toujours naturellement sur son front; ils les rejetait en arrière avec un sans-façon qui n'était pas dépourvu de charmes et lui donnait au moins quelque chose d'un artiste.

Apollon vient d'achever la chanson du *Sénateur*, de Béranger, il regarde autour de lui, semble chercher quelque chose, murmure : Le drôle n'est pas là... il sera allé commettre quelque fraude dans les environs... faisons notre besogne nous-même. Et, prenant alors sa sébile... il s'adresse à son public :

— Allons, messieurs et mesdames, si le chanteur vous a fait plaisir, voici l'instant de le lui prouver en fouillant à la poche... Vous pensez bien que je ne chante pas seulement pour vous amuser... Tout travail doit être rémunéré... Toute peine mérite salaire... *Suum cuique tributo !*... Mais je vous parle latin, et je suis bien persuadé que pas un de vous ne l'entend... Alors, allez-vous dire, pourquoi nous parler cette langue morte?... Pour vous faire savoir, messieurs, que je n'ai pas toujours chanté dans les rues... que mon éducation me permettait d'aspirer aux postes les plus éminents... Oui, messieurs, j'aurais pu être banquier, et même banqueroutier... Vous allez me répondre que cela vous est bien égal!... C'est juste; revenons à nos moutons, je veux dire à vos gros sous... Du courage à la poche!... *Macte, puer, macte animo !*... Soyez tranquilles, messieurs, je n'entends pas dire par là que vous êtes des animaux... Eh bien!... ils s'en vont au moment où je fais la quête.

Le public s'éclipsait, en effet, et ceux qui s'étaient montrés les plus empressés pour entendre le chanteur, avaient été des premiers à s'éloigner lorsqu'ils lui avaient vu prendre sa sébile.

Apollon, resté seul, regarde dans la sébile et s'écrie :

— Six sous !... les pleutres !... les cancres !... voilà comme ils récompensent le talent !... et je leur ai chanté quatre morceaux, dont deux d'opéra !... mais ils aiment mieux les canailleries, les bêtises... Allons, décidément la place ne vaut plus rien. J'y suis resté trop longtemps... Il faut porter ailleurs mes chants et mon *stradivarius !*... mon fidèle violon... dont je ne me suis jamais séparé... parce que je n'en aurais pas eu quinze francs ! et que, d'ailleurs, du chant sans accompagnement, c'est une salade sans vinaigre. Décidément il faut changer de quartier... Six sous ! infamie... Je ne souperai pas avec cela.

Notre chanteur boutonne son vieux paletot vert olive, il remonte ses bottes éculées, donne un coup de mouchoir à son pantalon, met sur sa tête son chapeau rond déformé, qu'il porte de côté en tapageur, puis, plaçant son violon sous le bras gauche, il siffle d'une façon toute particulière. Alors paraît un chien caniche, d'une assez belle encolure, mais tout sale, tout crotté, et tenant dans sa gueule trois cervelas attachés ensemble par une ficelle. Il vient se frotter contre son maître et le regarde, mais sans lâcher ce qu'il apporte, et dont il semble très-fier.

— Qu'est-ce que je vois, Soleil !... Qu'est-ce que cela signifie ?... Des cervelas attachés par une ficelle, que vous serez parvenu à rompre, et qu'il y en a trois... petits heureusement !... Mais, brigand que vous êtes, il faudra donc toujours que vous voliez... Je ne pourrai donc jamais vous corriger de ce vice ?... Sapristi, Soleil, où avez-vous pris cela ?... Je pense bien que ce n'est pas chez un bijoutier... Allez reporter cela bien vite... Ah bien oui! pas de danger qu'il reporte ce qu'il a pris! Alors, Soleil, laissez-moi mettre ces petits saucissons dans ma poche, car cela pourrait vous compromettre, et moi aussi !...

Apollon débarrasse le chien de ses cervelas, ce qui paraît contrarier un peu M. Soleil, qui, pendant cette opération, fait entendre un sourd grognement; son maître le calme en lui disant :

— Soyez tranquille, Soleil, vous aurez votre part de cette prise, d'autant plus que je connais vos manies, vous ne voulez manger que ce que vous avez dérobé !... et ce qui m'afflige en cela, c'est que vous êtes gras comme une caille !...

Après avoir fourré les saucissons dans les poches de son paletot, notre chanteur des rues se remet en marche en se disant :

— Il faut aller un peu plus loin, changer entièrement de quartier, cela renouvellera mon public. Je me plaisais assez sur la place de la Bastille; il venait là une petite bonne... qui prenait grand plaisir à m'écouter... elle est sensible à mes accents, et je crois que si j'avais poursuivi la connaissance... Eh bien! qu'est-ce que vous allez penser là, monsieur Apollon !... Oubliez-vous que vous vous êtes promis de ne plus songer aux femmes!... cause, en grande partie, de la *dèche* dans laquelle vous êtes tombé!... Rappelez-vous que vous n'êtes plus Narcisse Loiseau, ce d'avoné, celui qu'on avait surnommé le beau Narcisse... et qui tournait la tête à toutes les filles, femmes, veuves et demoiselles... Ah! le beau temps... J'étais un vrai sultan, alors!... Je n'avais qu'à jeter le mouchoir... c'était à qui le ramasserait !... Oui, mais je l'ai tant jeté, que maintenant je n'ai plus qu'un vieux foulard troué pour me moucher !... *Autre temps, autres soins!*... *Trahit sua quemque voluptas!*... Suivrai-je le canal?... Non, je n'aime pas l'eau... Suivons les boulevards... et comme dit Colisan dans *la Forêt périlleuse* : Nous arriverons toujours quelque part !... Quand la toquade du théâtre m'a pris, j'ai débuté dans cette pièce... J'ai joué les brigands... et j'ai été sifflé. On avait raison, ce n'était pas mon genre !... L'opéra-comique... voilà ce qui me fallait... Alors, j'ai joué le *Déserteur*, et j'ai eu un de ces succès qui font époque dans la vie... C'était alors à Angers, on m'a porté en triomphe dans l'orchestre... seulement, je suis tombé sur la grosse caisse, que j'ai crevée avec mon postérieur... mais ceci est un détail !... C'est alors qu'on me donna le surnom d'Apollon, que j'ai gardé depuis. Et, comme ce Dieu conduisait, dit-on, le char du Soleil, j'ai appelé mon chien Soleil, pour avoir, comme Apollon, un soleil à conduire... On fait ce qu'on peut... J'ai bien soif... Avec ma superbe recette de six sous, je puis bien me permettre un petit verre d'absinthe... O l'absinthe !... on en dit du mal... Il est certain que c'est qui a commencé à m'érailler la voix... puis l'eau-de-vie et le kirsch y ont bien été pour quelque chose! ... Alors a commencé la dégringolade !... des premiers rôles m'a fait passer aux seconds, puis aux troisièmes... J'ai vu le moment où l'on allait me reléguer dans les figurants !... Mais alors je me suis révolté !... je leur ai dit : Pour quelques *coucs*, pour quelques *chats* incrustés dans ma gorge, on n'humilie point un artiste qui a été porté en triomphe après *le Déserteur*... Vous en faites tous, des *couacs* ! vous chantez faux les trois quarts du temps... moi, je ne chante jamais faux... Il est vrai qu'on ne m'entend pas toujours... mais au moins ce n'est pas faux. Adieu donc les coulisses, adieu les planches !... Désormais je chanterai en plein air, où cela me plaira, et je chanterai ce qui me plaira... les grands morceaux... les romances et le vaudeville, quand les paroles n'en seront pas trop bêtes... Je joue du violon... pas comme *Paganini*, mais suffisamment pour m'accompagner ; j'ai donc mon orchestre à mes ordres, et celui-là ne se permettra pas de me rire au nez quand je manquerai la mesure. Je dirai comme le philosophe *Bias*, un des sept sages de la Grèce... car il paraît que dans la Grèce il n'y avait que sept sages, ce qui n'est pas trop pour toute une nation. Et encore, s'ils étaient sages à la façon du grand roi *Salomon*, qui avait, dit-on, trois cents femmes et sept cents concubines, cela ne devait pas les priver beaucoup... Je dirai donc comme *Bias* : Je porte tout avec moi : *Omnia mecum porto !*... Diable de latin ! c'est tout ce qui m'est resté de chez l'avoué... Eh ! mais, qu'est-ce que j'entends !... ces aboiements plaintifs !... C'est M. Soleil que l'on rosse, probablement...

En effet, en passant devant une boutique de comestibles, Soleil avait voulu se saisir d'un jambon fumé qui était placé en étalage, mais le jambon était suspendu à une corde fixée à la devanture ; et cette corde, plus solide que celle qui tenait les cervelas, n'avait pas cédé. Le chien, très-entêté, continuait de tirailler le jambon avec ses dents ; mais un garçon de la boutique avait aperçu M. Soleil faisant du trapèze devant le jambon ; il avait pris un gourdin et lui avait administré une raclée si bien appliquée, que le caniche se sauvait en faisant retentir l'air de ses gémissements.

— Ah ! vous venez de vous faire rosser, Soleil !... dit Apollon en considérant son chien qui vient, tout honteux, se frotter contre ses jambes. Et vous croyez peut-être que je vais vous plaindre ?... Non, pardieu ! je ne vous plaindrai pas ! vous avez ce que vous méritez. Vous faites un métier dangereux, mon drôle ! Si vous y avez quelquefois des profits, il est bien juste que vous en ayez aussi les punitions... Que celle-ci vous serve de leçon. Et, maintenant, prenons cette nouvelle route ou plutôt ce nouveau boulevard, qu'on appelle, je crois, le boulevard Magenta... suivons-le... et cherchons un petit café où, pour six sous, on puisse se procurer toutes les jouissances que contient un petit verre... Nous en trouverons... oh ! je n'en suis pas en peine ! A Paris, les cafés pullulent, il y en a presque autant que de maisons !... et les brasseries donc !... Depuis qu'ils fument comme des Turcs, les Français boivent de la bière comme des Flamands. Je ne sais pas si c'est là du progrès... c'est celui de la bière, assurément... Moi, je suis resté Français : j'aime mieux le vin.

Apollon vient d'apercevoir un café d'assez modeste apparence, qui, comme presque tous ces établissements, a des tables placées en dehors ; il va s'asseoir à l'une de ces tables et demande de l'absinthe.

— Est-ce un petit verre? demande le garçon, qui a l'air d'un nigaud.

— Ma foi ! garçon, si, pour six sous, vous voulez m'en donner un grand verre, je le boirai également.

— Ah ! non !... six sous, c'est un petit verre !...

— Eh bien, alors, servez-moi donc un petit verre... mais qu'il soit très-grand...

— Ah ! non, il sera petit !...

— Ce garçon ne me fait pas l'effet d'avoir inventé les fusées volantes ! dit Apollon, tout en caressant son chien qui est venu à ses pieds. Ah ! voilà bien les hommes !... non, je veux dire les chiens .. Quand ils ont éprouvé quelques malheurs... quand ils ont enduré quelques souffrances, ils se rapprochent de ceux dont ils se savent aimés, et qu'ils ne négligent dans leur prospérité... Mais j'ai eu tort de me reprendre, car ceci peut s'appliquer encore plus aux hommes qu'aux chiens. Voilà de l'absinthe qui n'est pas forte... elle ne m'éraillera pas le gosier... ce café n'aura pas ma pratique !...

Un vieux monsieur vient se placer à une des tables du dehors. Il demande une bavaroise au lait et des flûtes ; puis il trempe de ses flûtes dans sa bavaroise, et savoure cela comme s'il prenait du nectar.

— Voilà ce que *Saint-Foix* appelait un fichu souper !... se dit Apollon ; mais *Saint-Foix* était un chercheur de querelles, un duelliste. Tous les goûts sont dans la nature, dit-on... Si un

homme aime les bavaroises au lait, pourquoi donc vous moquer de lui?... Le premier qui a mangé des écrevisses a dû alors provoquer bien des railleries ; car, crue ou cuite, c'est une bien vilaine bête !... et il fallait du courage pour en goûter .. Ah ! cette absinthe est détestable !... Tenez, garçon, voilà vos six sous...

— Il n'y a rien pour le jeune homme?

— Si le jeune homme était le bourgeois, je lui flanquerais mon pied quelque part, pour lui apprendre à me vendre une pareille drogue... c'est de l'eau d'épinards... ça n'a jamais été de l'absinthe.

Apollon replace son violon sous son bras et se remet en marche. Il n'a pas fait vingt pas, qu'il s'aperçoit que son chien n'est plus avec lui ; il le siffle, et bientôt M. Soleil accourt d'un air frétillant, la queue en trompette, tenant dans sa gueule une des flûtes servies au vieux monsieur avec sa bavaroise.

— Incorrigible ! se dit Apollon, en apercevant le nouveau butin de son caniche. Ah ! Soleil ! Soleil !... je vous ai mal nommé, mon cher ami ! je devais vous appeler *Cartouche* ou *Mandrin !*. Voler une flûte à ce pauvre vieux monsieur, à qui on la fer payer... fi ! c'est indigne ! Donnez... que je la mette dans ma poche, pour que vous ne soyez pas compromis.

II

LA COUR D'UNE MAISON

Après avoir pendant quelque temps suivi le boulevard Magenta, puis pris une rue à gauche et une autre à droite, le chanteur ambulant s'arrête ; il est sur la place La Fayette, où il y a de fort belles maisons, dont beaucoup sont nouvellement bâties.

— Il me semble que je puis m'arrêter ici, se dit Apollon en portant ses regards autour de lui ; je ne crois pas avoir encore exploré ce quartier... nous allons voir si l'on y aime la musique... Mais il ne faut pas trop nous prodiguer dans la rue... entrons dans la cour de quelque maison... Pas dans une neuve, celles-là sont, en général, habitées par des *cocottes*, auxquelles on loue, bien qu'elles ne payent pas souvent, mais cela sèche les murs... Ces dames-là sont peu sensibles aux charmes de la voix, aux airs d'opéra ; elles vont au théâtre tous les soirs ; elles ont entendu tout ce que je pourrais leur chanter. Ah ! voilà une maison ancienne, mais de belle apparence ; la porte cochère est ouverte... entrons là... je m'y connais, ce doit être habité. Pourvu qu'on me permette de m'y faire entendre... car il y a des maisons où l'on oublie ce précepte : Il faut que tout le monde vive !... et l'on ne nous y laisse pas chanter, nous qui ne chantons que pour cela... Venez, Soleil ; suivez-moi dans cette cour, et ne vous permettez pas d'y commettre la moindre inconvenance, sinon je romps toutes relations avec vous.

Apollon entre dans une maison dont la cour est fort grande. Il a passé devant la loge du concierge sans que celui-ci ait rien dit, ce qui est bon signe. Il s'arrête dans la cour, pose son mauvais chapeau ; puis se met à préluder sur son violon, en regardant aux fenêtres, où personne ne paraît. Alors il chante une charmante chansonnette de *Bérat* : *En vérité, je vous le dis*, en s'accompagnant avec son violon. Cet air ne demandant pas beaucoup de voix, il le chante assez bien.

Des rideaux s'entr'ouvrent à une fenêtre du premier étage. Une jeune personne se montre derrière les rideaux. Elle paraît avoir de dix-sept à dix-huit ans ; elle est jolie, sa figure ovale est légèrement rosée, ses grands yeux bleus sont remplis de douceur, sa physionomie a une expression un peu mélancolique ; il y a du charme dans toute sa personne. On voit qu'elle écoute avec plaisir le chanteur ; puis, lorsque celui-ci entame une autre chanson : *Bonne espérance !* également de ce pauvre *Bérat*, qui faisait de si jolies choses en étant toujours simple et vrai, la jeune personne se décide à ouvrir la fenêtre pour mieux entendre, et elle s'appuie sur le balcon.

Apollon, flatté de l'attention que lui prête une si jolie personne, redouble d'efforts pour donner de l'expression à ce qu'il chante et s'en tire assez bien. Lorsqu'il a fini, la jeune demoiselle lui fait avec sa tête un petit signe approbatif ; puis, fouillant dans son porte-monnaie, elle y prend une pièce de dix sous qu'elle jette au musicien ambulant, tout en murmurant:

— C'est très-bien !

Apollon ramasse la pièce blanche, salue la jeune fille comme s'il jouait encore un rôle de marquis, puis s'avance sous la fenêtre, en disant :

— Mademoiselle, je suis fier de votre approbation ; voulez-vous me permettre de vous chanter maintenant : *O Richard, ô mon roi !...* C'est un air dans lequel j'ai eu, j'ose le dire, de beaux succès, quand je jouais les *Elleviou* à *Montpellier... Mons puellarum.*

— Je le veux bien, monsieur.

Notre chanteur joue la ritournelle sur son violon et va entamer l'air de *Richard Cœur de lion*, lorsqu'une autre fenêtre s'ouvre également au premier étage. Une dame y paraît ; elle est mise avec élégance, et bien qu'elle approche de la quarantaine, elle est encore fort belle. Ses grands yeux noirs brillent du plus vif éclat, son nez est droit et correct ; sa bouche mince, aux lèvres serrées, cache de belles dents, et ses cheveux abondants, noirs comme ses yeux, laissent voir un front bien dégagé. Mais tout cet ensemble est gâté par un air fier, dédaigneux, et un froncement de sourcils presque continuel.

En ce moment la physionomie de cette dame exprime presque la colère ; elle s'adresse à la jeune fille en lui disant :

— Que faites-vous donc là, Amelina ?... vous causez avec un chanteur des rues !... Qu'est-ce que cela signifie ?... que pouvez-vous avoir à dire à cet homme ?... Est-ce qu'une jeune personne bien élevée cause avec ces gens-là !...

La jeune fille rougit, devient tremblante et balbutie :

— Maman... mais c'est que... il a très-bien chanté... et je...

— Assez ! fermez votre fenêtre bien vite !... Et vous, allez-vous-en... nous n'avons pas besoin de votre musique... est-ce que l'on devrait se permettre d'entrer ainsi dans la cour d'une maison comme il faut ?... C'est odieux !

Apollon ramasse son chapeau, qu'il pose sur son oreille et, se tournant vers la dame, lui dit :

— Madame ! ces gens-là... comme vous vous permettez de nous appeler, ne sont pas des parias ou des lépreux que l'on ait le droit de chasser ignominieusement !... Quand nous nous présentons dans une cour, le concierge peut nous dire : C'est inutile ; ici, l'on n'aime pas la musique !... et encore, il doit nous le dire poliment. Mais vous, madame, qui nous traitez comme, au moyen âge, les seigneurs traitaient leurs serfs, vous ne méritez pas d'avoir une fille si aimable, si bonne que celle qui était tout à l'heure à cette fenêtre...

— Mais c'est affreux ! c'est épouvantable ! Cet homme me fait une scène à présent !... Monsieur Chipart !... monsieur Chipart !... Concierge ! holà !...

Le concierge arrive clopin-clopant : c'est un petit vieux tout rond, tout rouge, tout court, qui porte un abat-jour vert par-dessus sa casquette. Il salue humblement la dame du premier, en bredouillant :

— De quoi qu'il y a, madame ?

— Monsieur Chipart, pourquoi laissez-vous entrer dans la cour des chanteurs, des saltimbanques, des vagabonds ?... Je vous l'avais défendu...

— Madame, pardon... je n'ai pas vu entrer celui-ci...

— Chassez vite cet homme, et une autre fois, s'il en entre encore dans la maison, je vous ôterai votre place... souvenez-vous-en...

Pendant que la belle dame parlait, Apollon la regardait, et plus il la considérait, plus il lui semblait avoir déjà vu cette figure-là ; seulement c'était comme un souvenir vague... ce n'était pas la femme hautaine et méchante qu'il se rappelait ; mais là-dessous il cherchait de jolis traits qui l'avaient charmé autrefois.

Cette dame a brusquement refermé sa fenêtre, le concierge s'avançait timidement vers le chanteur ; celui-ci lui rit au nez, puis s'arrête contre la porte cochère et une fois dans la rue lui dit :

— Mon pauvre père Chipard, vous avez là une maîtresse bien revêche...

— Oui... elle n'est pas souvent de bonne humeur...

— Comment la nommez-vous, cette particulière-là ?

— Madame de Grandvallon.

— De Grandvallon ! Connais pas... et pourtant sa figure ne m'est pas étrangère... A-t-elle un mari ?

— Oui... un grand mari... M. de Grandvallon a près de six pieds.

— Ah ! mon Dieu !... Et est-il aussi aimable que sa femme ?

— Oh ! c'est un autre genre... il a l'air sévère, mais il n'est pas méchant... Par exemple, il est avare .. regardant !... quand je casse un carreau il me le fait payer...

— C'est à lui cette maison ?

— Oui... Vous voyez comme c'est tenu !...

— Prenez garde, vous perdez votre casquette. Et cette jeune et charmante personne qui m'écoutait avec tant de plaisir, c'est leur fille ?...

— Oui... mademoiselle Amelina de Grandvallon...

— Ils n'ont pas d'autres enfants ?

— Non, c'est une fille unique.

— N'avoir qu'une fille et lui parler aussi aigrement que cette dame l'a fait tout à l'heure... La pauvre petite avait l'air de trembler... elle ne ressemble pas du tout à sa mère...

— Elle ressemble à son père. M. de Grandvallon a été très-bel homme...

— Mais où diable ai-je déjà vu cette dame ?... car, bien certainement, ce n'est pas la première fois que je la vois... Dites-moi donc, vieux Chipard, elle n'a pas été actrice autrefois, par hasard ?

— Ah ! monsieur !... qu'allez-vous penser... Après cela, moi, je n'en sais rien...

— Ecoutez donc, ces choses-là se sont vues... des actrices deviennent de grandes dames... Mais non, si elle avait été actrice, elle serait restée aimable et gracieuse... c'est pas ça. Adieu, papa Chipard, je ne viendrai plus chez vous ; je regrette la jeune fille... mais pour la mère... elle ne vaut pas un *si* bémol !

Apollon s'est remis en marche. Bientôt il s'aperçoit que son chien n'est plus avec lui. Il se retourne, cherche et se dit :

— Plus de Soleil ?... est-ce qu'il aurait commis quelque fraude chez madame de Grandvallon ?... S'il avait chipé quelque chose qui fît faute à cette dame... je lui pardonnerais cette fois... car elle est bien insolente, cette dame... Mais le voilà qui accourt, ah ! mon Dieu que tient-il donc là...

Soleil a rejoint son maître. Il tient dans sa gueule le garde-vue vert du concierge. Apollon part d'un éclat de rire, tout en murmurant :

— Belle trouvaille que vous avez faite là, mon ami ! ce n'est pas le concierge qui nous avait offensés, et si nous n'étions pas déjà loin je vous enverrais lui reporter son garde-vue, mais j'aime à croire qu'il en a d'autres... je vous mettrai celui-ci dans les jours gras... Diable de Soleil, va !... tu me rappelles *les Plaideurs... et la pauvre Babonette...*

Elle eût du buvetier emporté les serviettes,
Plutôt que de rentrer au logis les mains nettes.

III

LA CONTRE-PARTIE

Notre chanteur s'est remis en marche ; il fait peu attention au chemin qu'il suit, il est toujours préoccupé de la figure de cette dame, qui l'a renvoyé si brutalement de sa maison ; il cherche dans sa mémoire à se rappeler où il l'a déjà vue, mais sa mémoire lui rappelle tant de femmes, de jeunes filles, de veuves, auxquelles il a fait la cour, et avec lesquelles il a eu des relations plus ou moins intimes, que dans ce chaos il ne peut se débrouiller et se dit :

— Je ne m'y retrouverai jamais... voilà ce que c'est que d'en avoir tant connu. Cela a son bon et son mauvais côté : le bon, c'est d'avoir possédé une foule d'objets charmants ; le mauvais, c'est ensuite d'embrouiller tout cela dans sa tête, et quelquefois d'oublier celles dont on devrait conserver un plus doux souvenir !

Pendant que son maître faisait ces réflexions, Soleil marchait très-sagement derrière lui. Apollon lui avait passé au cou sa dernière trouvaille, en tournant l'abat-jour vert de façon à ce que le devant fût sous sa gueule, et lui servît de cravate. M. Soleil paraissait tout fier de porter cette collerette d'une nouvelle espèce qui lui montait presque jusqu'au cou.

Apollon s'arrête cependant. Il est arrivé rue de Provence. Il y a dans cette rue beaucoup de belles maisons à portes cochères, mais quelques-unes restent constamment fermées. Notre musicien en avise enfin une, au fond de laquelle il aperçoit une belle cour. Il entre. Une portière est en train de balayer le pied d'un grand escalier. Apollon lui fait, en passant devant elle, un gracieux salut, et la portière y répond par une révérence et un sourire.

— Bravo! se dit-il, la portière est polie, c'est que le propriétaire l'est aussi. Elle ne m'a pas renvoyé, c'est que dans cette maison il n'est pas défendu de venir exercer ses petits talents. Tel maître, tel valet; cet axiome est rarement démenti par les faits. Belle cour... cette maison est plus moderne... plus élégante, plus *chic* que celle de M. de Grandvallon. Je ne sais pas à qui elle appartient, mais on doit y être plus riche que là-bas... Ce vestibule en mosaïque... ces statues... cette jolie fontaine qui cache une pompe... voilà du confortable... je vais leur donner du *Boieldieu*, rien que ça! *la Dame blanche* avec toute sa fioriture!

Apollon accorde son violon. La portière vient à lui:

— Qu'est-ce que votre chien porte donc autour du cou. Un entonnoir?

— Non madame, c'est son garde-vue. Mon chien a la vue très-faible, et quand il fait du soleil, au lieu de porter son garde-vue ainsi en-dessous, il le met sur ses yeux. Je puis chanter dans votre cour? c'est permis?

— Oh! tant que vous voudrez, madame ne veut pas que l'on renvoie personne.

— Madame! le propriétaire de cette maison est une dame?

— Oui... c'est madame Tapin... une dame qui a cent mille francs de rente... rien que ça!...

— Fichtre!... joli revenu... et un mari par-dessus le marché?

— Non, madame est veuve...

— Cent mille francs de rente et veuve. Elle est donc bien vieille?

— Mais non, madame peut avoir de quarante-quatre à quarante-cinq ans, et elle est encore fort belle femme! Mais elle a un fils qu'elle adore et ne veut pas se remarier à cause de lui... Ah! mon Dieu... je crois que mon rôti brûle...

La concierge court à sa loge. Apollon remet son violon sous son menton, en se disant:

— Peste! cent mille francs de rente... J'avais bien deviné que cette maison était riche; aussi la portière a un rôti à la broche... Soleil, ne bougez pas!... Qu'est-ce qu'y a? vous cherchez à vous débarrasser de votre garde-vue maintenant?... dans quelle intention?... je vous ordonne de le garder.

Apollon entame le grand air de *la Dame blanche*: *Viens, gentille dame!*... il tâche de donner beaucoup de voix; il a déjà répété bien des fois: *Je t'attends! je t'attends! je t'attends!*... lorsqu'une fenêtre du premier étage s'ouvre brusquement; une jeune personne y paraît; c'est une blonde au teint coloré; ses traits sont assez bien, mais l'expression de ses yeux est moqueuse, la bonté ne se peint point sur son visage; elle est coiffée en cheveux, avec infiniment de coquetterie. Et lorsque notre chanteur croit qu'il va recevoir des compliments, des éloges, comme lui en a faits mademoiselle de Grandvallon, la jeune personne, qui vient de se montrer à la croisée, lui crie d'une voix aigre et d'un ton hautain:

— Est-ce que vous n'allez pas bientôt vous taire, vous, là-bas!... En avez-vous fini avec vos: *je t'attends! je t'attends!* que vous me cornez aux oreilles depuis une heure!...

Apollon s'arrête au milieu d'une roulade. Il s'attendait si peu à cette algarade, qu'il reste la bouche ouverte, croyant avoir mal entendu. Mais la demoiselle ne le laisse pas dans le doute, car elle reprend presque aussitôt:

— Faites-moi le plaisir d'aller brailler ailleurs! mauvais crincrin!... vous m'ennuyez, vous m'assourdissez! vous me faites mal à la tête!...

— Brailler!... brailler!... s'écrie Apollon qui se sent piqué au vif... c'est ainsi que vous appelez mon chant, mademoiselle!...

— Son chant!... ça croit que ça chante... cela fait pitié, ma parole!...

— Oui, mademoiselle, ĵe crois que je chante, et avec goût même... Quand on a été porté en triomphe après *le Déserteur*, c'est que l'on sait chanter probablement!...

— Allez donc vous faire porter en triomphe dans la rue, c'est là votre place... Madame Dodin... eh! la concierge!... renvoyez donc cet homme, qui me fait mal aux oreilles; est-ce que vous devriez laisser entrer de ce monde-là dans notre cour?

Madame Dodin, la concierge, qui semblait écouter avec plaisir le chanteur, sort de sa loge en disant:

— Mais, mademoiselle, madame votre tante ne nous a pas ordonné d'empêcher les chanteurs d'entrer dans la cour, elle permet à tous ceux qui se présentent d'y exercer leur profession, même quand ils chantent sans violon... et même quand ils demandent sans chanter.

— Leur profession!... elle est jolie, leur profession!... des fainéants qui chantent au lieu de travailler!...

— Mademoiselle, critiquez mon chant tant que vous voudrez, vous en avez le droit, dit Apollon d'un ton irrité. Mais ne m'insultez pas... car j'ai le droit, moi, de ne pas le souffrir...

— Eh bien, voilà qu'il m'injurie maintenant. Encore une fois, concierge, je vous ordonne de mettre cet homme dehors!...

— Qui est-ce qui se permet de donner des ordres ici sans ma permission?... dit une grosse maman dont la mise est d'une élégante simplicité, et qui vient d'entrer dans la maison.

En entendant parler très-haut, elle s'est avancée vivement jusque dans la cour.

À la vue de la propriétaire, la concierge semble satisfaite, elle répond:

— Madame, c'est mademoiselle votre nièce qui veut à toute force que je chasse ce pauvre homme qui chante et joue du violon; il n'y a cependant pas longtemps qu'il est là...

— Et pourquoi donc, Léonide, voulez-vous qu'on chasse de ma cour ce chanteur?... Vous savez pourtant, mademoiselle, que ce n'est pas mon habitude de renvoyer ainsi les malheureux... Où donc avez-vous appris à être dur avec les pauvres gens?

Mademoiselle Léonide, qui est devenue rouge de colère et se mordille les lèvres en jetant sur Apollon des regards furibonds, répond:

— Mon Dieu, ma tante, il me semble qu'il est bien permis de ne point vouloir entendre cette horrible musique des rues, surtout lorsqu'on est en train d'étudier son piano...

— Ah! vous étiez en train d'étudier votre piano... que vous n'étudiez jamais ordinairement!... C'est donc parce que l'on chantait dans la cour que cela vous en a donné l'idée? Mais vous avez toute votre journée pour étudier, et cet homme n'a peut-être pas encore gagné de quoi dîner... Tâchez donc d'être plus humaine... ça vous changera.

Mademoiselle Léonide n'en écoute pas davantage; elle referme la croisée avec colère et disparaît. Pendant que la propriétaire de la maison parlait à sa nièce, Apollon considérait avec attention cette veuve qui possédait cent mille francs de rente.

Madame Tapin a quarante-cinq ans; elle est forte, mais grande, et son embonpoint n'est pas encore assez développé pour dissimuler entièrement sa taille, qui, à vingt ans, était mince et svelte. Elle n'est pas jolie, mais sa figure est aimable, surtout lorsqu'on ne la contrarie point; mais il ne faut pas la contrarier, car alors elle s'emporte, elle s'enlève, et se met facilement en colère. Ses yeux sont petits, mais spirituels; son nez, un peu gros du bout, donne à sa physionomie un air qui n'est pas distingué, et, malgré sa belle toilette, il y a dans ses manières, dans son langage, quelque chose qui sent son passé populaire. Ce qui n'a rien de surprenant, puisque Jeanneton, ou madame Tapin, a été fruitière; mais il y a longtemps de cela, et vous pouvez être certain que tous ceux qu'elle invite à dîner chez elle n'ont garde de s'en souvenir; il y a mieux, il y en a qui le nieront et vous soutiendront que madame Tapin est veuve d'un général. De plus, comme cette dame possède une fort belle maison de campagne à Bougival, où elle passe une partie de l'année, il y a des personnes qui ne manquent pas d'ajouter à son nom celui de Bougival, ce qui lui donne tout de suite un certain relief. D'autres se risquent même à l'appeler seulement madame de Bougival. Mais Jeanneton ne répond jamais quand on lui donne ce nom-là; car cette dame, devenue riche, ne cache pas ce qu'elle a été et ne rougit pas d'avoir vendu du beurre et des radis. Il y a pourtant une chose dont elle a voulu se corriger, parce que cela prêtait trop à rire à ses dépens, c'était de faire des *cuirs* en parlant, d'estropier la langue, et d'y prodiguer mal à propos des *t* pour des *s*. Et comme n'est-ce pas pour elle qu'elle a fait cela, mais ɒ our son fils, jeune homme très-bien élevé, reçu dans le beau monde, et qu'elle destine à la profession d'avocat. En se trouvant dans une réunion avec son fils, elle a senti qu'il souffrirait trop si l'on se moquait de sa mère, et, à trente-cinq ans, elle s'est mise à étudier la grammaire, comme si elle n'en avait eu que dix. Elle a eu de la peine à se fourrer dans la mémoire les subjonctifs et tous les temps d'un verbe, mais enfin elle y est à peu près parvenue, et lorsqu'une phrase l'embarrasse, elle a assez d'intelligence pour tourner autour. Malgré cela, de temps à autre, il échappe encore à madame Tapin de lâcher un *pataquès*, car il est difficile de bien apprendre quand on ne l'a pas fait dans sa jeunesse.

Vous voudriez peut-être savoir comment, de fruitière, madame Tapin est devenue une opulente propriétaire? Cela n'a rien d'extraordinaire dans notre siècle, où les fortunes se font et se défont comme les châteaux de cartes. D'abord, Jeanneton Duclos, aujourd'hui veuve Tapin, était fille de maraichers aisés, qui avaient donné à leur fille une belle boutique de fruiterie. A dix-huit ans, Jeanneton, qui était fraîche et avenante, avait fait la conquête de M. Tapin, entrepreneur de démolitions. M. Tapin avait épousé la jeune fruitière, qu'il avait laissée pendant quelques années continuer son commerce, tandis que, de son côté, il continuait le sien. Tous deux gagnaient de l'argent; mais le démolisseur allant beaucoup plus vite que la fruitière, après huit ans de mariage il avait fait quitter le commerce à sa femme, et l'avait installée dans une belle maison, dont il avait fait l'acquisition; puis il lui avait donné une voiture, des chevaux, des diamants; mais ce que madame Tapin prisait au-dessus de tout cela, c'était son fils, l'unique enfant issu de son mariage. Ce fils était toute sa joie, tout son bonheur, et c'est pour lui, surtout, qu'elle était contente d'être riche.

Madame Tapin n'avait que trente-cinq ans lorsque son mari mourut. Elle n'aurait eu que l'embarras du choix si elle avait voulu lui donner un successeur; mais Jeanneton ne voulut pas se remarier; elle se consacra entièrement à son fils, qui avait alors quinze ans. Et comme, pour tout ce qui avait rapport aux affaires et aux entreprises commerciales, elle était remplie d'intelligence, elle continua de faire valoir son argent, escomptant à un taux très-modéré le papier qu'on lui offrait, et souvent même le prenant au pair, quand il s'agissait d'obliger de pauvres gens. Enfin, dix ans après son veuvage, et ainsi que nous avons déjà eu l'honneur de vous le dire, elle possédait cent mille francs de rente.

Pendant que nous vous disons tout cela, vous comprenez que M. Apollon a eu le temps d'examiner madame Tapin, et que le résultat de son examen est cette réflexion:

« Beau morceau de femme!... Ce n'est pas un de ces mets friands que l'on vous apporte au dessert!... c'est une de ces pièces de résistance sur lesquelles tombent toujours les amateurs... Ah! quand j'étais le beau Narcisse... comme j'aurais daubé làdessus!... »

— Monsieur, dit madame Tapin au chanteur, ne vous gênez pas... continuez de chanter, de jouer du violon... on n'y mettra plus d'obstacles.

— Madame est trop bonne... je vais profiter de la permission...

— Mais auparavant je vais vous donner...

Et fouillant dans sa poche, Jeanneton en tire son porte-monnaie, elle l'ouvre, puis s'écrie:

— Ah! que je suis bête... j'oublie que j'ai tout dépensé tout à l'heure!... Mais il faut redescendre... Attendez-moi, monsieur...

— Ah! madame, je ne voudrais pas que pour moi vous prissiez cette peine... et...

— Il faut que je redescende; j'ai encore à sortir.

Madame Tapin monte le bel escalier et disparaît.

— Belle femme!... superbe femme! s'écrie Apollon en regardant la concierge, qui est toujours là.

— Oh! oui, que madame est encore bien conservée... et aussi bonne que grasse!... Elle crie parfois, mais tourné la main elle n'y pense plus.

— Et cette demoiselle qui trouve que je braille est sa nièce?

— Oui, c'est mamzelle Léonide... et! elle est très-fière, celle-là!... elle nous regarde du haut de sa grandeur.

— Je suis bien aise qu'elle ne soit pas la fille de madame Tapin... c'eût été dommage. Et le fils... n'y a-t-il pas un fils?

— Oui, un beau jeune homme de vingt-cinq ans. Ah! celui-là est aussi aimable, aussi généreux que sa mère!... C'est dommage qu'il rentre trop tard... Ah! toujours passé minuit... quelquefois à des heures *imbues*... C'est bien gênant pour mon sommeil!

— Eh! pardieu! il est jeune, il est riche, il jouit de la vie!... il a raison... Comme dit *Désaugiers*:

> Aujourd'hui nous appartient,
> Et demain n'est à personne!

Mais j'oublie mon état, moi! Allons vite... chantons, sans quoi

cette demoiselle croirait que je n'ose plus me faire entendre, de peur de la fâcher... Bien au contraire, je vais donner tous mes moyens.

Apollon recommence son air de *la Dame Blanche*, après quoi il en chante un du *Déserteur*; il vient à peine d'achever, lorsque madame Tapin redescend l'escalier. Il s'empresse d'aller la saluer.

Jeanneton tient à la main une pièce de deux francs qu'elle lui présente, en lui disant:

— Tenez, monsieur, voilà pour que vous ne gardiez pas un trop mauvais souvenir de ma maison.

— Ah! madame, tous ceux qui ont eu le bonheur de vous connaître ne peuvent en garder qu'un bien doux souvenir.

Madame Tapin écoute, d'abord, le chanteur avec surprise, parce qu'il ne s'exprime pas comme la plupart de ses pareils, puis tout en l'écoutant, elle le regarde, et en examinant ses traits avec plus d'attention qu'elle ne l'avait fait jusqu'alors, elle éprouve comme un sentiment de surprise, et ne peut plus se lasser de considérer Apollon, qui, flatté de voir les yeux de cette dame se fixer sur lui, tâche de se donner un air très-agréable.

— Monsieur, dit enfin Jeanneton, qui comprend que le chanteur doit être surpris de la voir le regarder ainsi, vous êtes sans doute étonné de ma persistance à vous examiner?...

— Madame, ne vous gênez pas; je vous en prie!... Si je vous rappelle une personne de vos amis, cela ne peut que me flatter...

— Monsieur, en effet, vous me rappelez quelqu'un... Ce n'était pas un ami, mais je le voyais passer si souvent... et puis il travaillait presque en face de la boutique que j'occupais alors...

— Madame a eu une boutique... un magasin, veux-je dire?

— Non, monsieur, ce n'était qu'une boutique; elle était située faubourg Saint-Honoré, tout près du boulevard...

— Oh! je connais ce quartier, madame, je le connais beaucoup... Tel que vous me voyez, madame, je n'ai pas toujours chanté dans les rues; j'ai été clerc d'avoué, et celui chez qui je travaillais demeurait aussi à l'entrée du faubourg Saint-Honoré...

— Alors, monsieur, je ne me trompais pas en croyant vous reconnaître... c'est vous que l'on nommait...

— Le beau Narcisse! oui, madame, c'est bien moi, Narcisse Loiseau, qui ai pris le nom d'Apollon, pour oublier tout à fait mon passé!...

— Quoi! c'est vous le beau Narcisse!...

— Le nom ne me va plus, n'est-ce pas, madame? Ah! que voulez-vous, le temps ne nous ménage pas! surtout quand on l'a un peu aidé...

— Mais comment se fait-il?... il y a si loin de la position que vous occupiez à celle où je vous vois à présent!...

— Eh! madame, il suffit souvent de peu de chose pour passer du bien au mal! *Post gaudia luctus*!... Alexandre VI disait à son neveu César Borgia: *Vides, mi fili, quam leve discrimen inter patibulum et statuam*!...

— Monsieur, je parle assez mal le français, mais je n'entends rien du tout au latin, et n'ai pas l'intention de l'apprendre!...

— Excusez-moi, madame, mais vous me rappelez mon passé... et le latin, c'est tout ce qui m'en reste. J'ai quitté mon avoué, madame, j'étais un beau musicien, on me trouvait une jolie voix, et je me suis mis au théâtre, où je me voyais déjà premier ténor, avec d'énormes appointements... car on paye très-cher les ténors. Au lieu de cela, voyez où je suis arrivé... de dégringolade en dégringolade!... Mais je suis un peu philosophe, je prends le temps comme il vient. J'ai été l'enfant chéri des dames!...

— En effet, monsieur; vous en aviez du moins la réputation.

— Je vous prie de croire que je le méritais... Maintenant, madame, je ne suis plus que le pauvre chanteur Apollon... et vous remercie beaucoup de votre bonté à mon égard.

Apollon salue madame Tapin et va s'éloigner, elle le retient en lui disant avec un certain embarras:

— Monsieur... pardon, mais vous n'êtes pas pour moi un chanteur comme les autres... et en souvenir de ce temps où vous étiez chez mon avoué... permettez-moi de vous offrir... ceci...

Jeanneton avait rouvert son porte-monnaie, elle y avait pris trois pièces de vingt francs qu'elle présentait au pauvre musicien d'un air presque honteux, et comme si c'eût été elle qui demandait. Mais Apollon ne fait pas de façon pour accepter, il saisit les pièces d'or en s'inclinant bien bas, et en murmurant:

— Ah! madame, que vous méritez bien votre fortune! Jamais elle ne fut mieux placée.

La concierge accourt, chassant devant elle Soleil à coups de balai, et criant :

— Ah! voleur!... il était temps !... Quand je retourne à mon petit rôti, ce gueux-là commençait à le détacher... et il a laissé son garde-vue dans ma lèchefrite...

— Soleil ! ici, Soleil... Comment, drôle! encore de vos sottises !

— Mon Dieu, ce chien a peut-être très-faim, dit la propriétaire; il faut lui pardonner. Madame Dodin, vous devez avoir quelque chose, quelques restes, donnez-les donc à ce pauvre caniche...

Pour obéir à la propriétaire, la concierge rentre dans sa loge, d'où elle ressort bientôt avec un morceau de bœuf bien sec. Elle le présente à Soleil, qui, après l'avoir flairé, se retourne et lève sa jambe dessus... ce qui indigne madame Dodin.

— Comment ! il n'en veut pas ? dit madame Tapin, il n'a donc pas faim, alors ?

— Madame, dit Apollon, je suis forcé de vous avouer que mon chien est extrêmement vicieux. Ce maroufle ne veut manger que ce qu'il a dérobé !... Vous m'en voyez tout confus... J'ai fait mon possible pour le rendre honnête, mais quand un chien est né avec des défauts, il est bien difficile de l'en corriger. Respectable concierge, je vous fais des excuses pour mon caniche, et je suis enchanté que vous soyez arrivée à temps pour sauver votre rôti. Madame, recevez de nouveau l'expression de ma reconnaissance...

— Il faudra revenir nous voir, monsieur, je serai bien aise de vous entendre... et même de causer encore avec vous...

— Madame, je n'oublierai pas le chemin d'une maison... dont la propriétaire est si bonne.

Et Apollon s'éloigne en se disant : « Trois napoléons !... quelle noce !... Ah! polisson de Soleil ! comme je vais vous abandonner votre flûte et vos cervelas !... »

IV

PORTRAITS D'APRÈS NATURE

Madame Tapin est remontée, toute pensive, dans son appartement. En retrouvant dans un chanteur des rues un homme qu'elle a vu élégant et coquet, un garçon qui occupait un emploi honorable et semblait devoir un jour tenir un rang distingué dans le monde, ses idées s'arrêtent sur cette époque de sa vie, et elle murmure plusieurs fois :

— C'est singulier !... très-singulier ! Il faudra que je revoie cet homme et que je tâche d'éclaircir les soupçons que j'ai conçus jadis.

Lorsqu'elle entend sa tante venir dans le salon, mademoiselle Léonide se hâte de se placer au piano, où elle se met à tapoter n'importe quoi, pour avoir l'air d'étudier. Jeanneton l'écoute un moment, puis lui dit :

— Léonide, avez-vous vu mon fils ce matin ?

— Moi, ma tante? est-ce que je vois jamais M. Alexis ! est-ce qu'on aperçoit mon cousin !... Il n'était pas au déjeuner, vous le savez bien...

— Sans doute, mais il aurait pu rentrer depuis...

— Je ne sais pas s'il est rentré... j'en doute !

Madame Tapin ouvre une porte et appelle :

— Lapierre !... Lapierre !...

Un domestique fait : tournure de valet de chambre de bonne maison. Il s'incline respectueusement devant la mère de son maître, en disant :

— Madame m'appelle ?

— Oui, Lapierre. A quelle heure votre maître est-il rentré hier au soir ?

Le valet semble embarrassé; il se gratte l'oreille, puis il balbutie :

— Madame... hier au soir... je ne me rappelle plus très-bien... j'étais si endormi...

— Oh ! je le sais, moi, dit Léonide. D'abord, mon cousin n'est pas rentré hier au soir ; il n'est rentré qu'au jour ; il était quatre heures du matin passées...

Lapierre fait un petit mouvement d'épaules et puis des lèvres, ce qui signifiait très-bien :

— Qu'a-t-elle besoin de dire cela, cette demoiselle !... quand je veux tâcher que la maman l'ignore !...

— Comment savez-vous si bien l'heure à laquelle mon fils est rentré ? dit Jeanneton en regardant fixement Léonide.

— Ce n'est pas bien difficile... Quand mon cousin rentre, il fait un bruit... il ferme les portes avec fracas... il parle... je crois même qu'il chante... ça me réveille.

— C'est bien singulier! je n'entends jamais rien, moi.

— C'est que j'ai le sommeil plus léger que vous, ma tante.

— Mademoiselle se trompe, dit Lapierre, en se figurant que monsieur fait du bruit en rentrant... il tâche, au contraire, de faire en sorte qu'on ne l'entende pas...

— Vous dites cela pour excuser votre maître, mais je sais ce que je dis !...

— Et moi je crois, au contraire, que vous ne le savez pas du tout ! reprend Jeanneton, en jetant sur la demoiselle un regard courroucé. D'abord, Lapierre n'a pas besoin d'excuser son maître, mon fils rentre à l'heure qu'il lui plait, cela ne regarde pas son domestique. Mais si ce garçon veut tâcher que j'ignore que son maître n'est rentré qu'au jour, ce ne peut être que dans un but louable... et que je comprends. Vous, au contraire, mademoiselle, vous cherchez toutes les occasions de dire des choses désagréables, ou qui peuvent amener des querelles... vous êtes heureuse quand vous pouvez faire gronder quelqu'un. C'est bien, Lapierre, c'est bien, mon garçon; je n'ai plus besoin de vous. Quand votre maître rentrera, priez-le seulement de venir me parler.

Le domestique s'incline et sort. Mademoiselle Léonide s'écrie alors :

— En vérité, ma tante, vous pourriez bien au moins ne pas me traiter si mal devant vos valets !... bientôt je ne pourrai plus ouvrir la bouche... vous me grondez sans cesse... c'est insupportable !... Je ne suis plus une petite fille de dix ans qu'on met en pénitence !...

— Je sais ce que vous êtes, mademoiselle : je le sais mieux que vous. Je sais aussi ce que vous valez ; j'ai eu le temps d'étudier votre caractère. J'ai vu avec peine que tous vos instincts étaient méchants ; j'ai fait mon possible pour les changer... j'y ai perdu mon temps !

— Ah ! bon ! cela va recommencer.

— Laissez-moi vous dire ce que je pense, Léonide; j'ai le droit de vous parler ainsi. C'est dans votre intérêt, d'ailleurs : rien n'enlaidit une femme comme l'expression de la méchanceté ! Ses traits ne sont plus les mêmes ; la figure la plus fine devient hideuse animée par la colère...

— Il me semble que je ne me mets pas en colère pour vous dire que mon cousin n'est rentré qu'à quatre heures du matin... Mais depuis quelque temps, ma tante, vous m'avez prise en grippe, vous voyez du mal dans tout ce que je dis...

— Je ne vous ai pas pris cela; soyez persuadée que je voudrais, au contraire, n'y voir que du bien. Croyez-vous donc que je ne m'aperçoive pas que vous saisissez toutes les occasions pour nuire à votre cousin, pour me faire remarquer ses étourderies, ses fautes même ?... Mais vous perdez votre temps... je sais mieux que vous apprécier la conduite d'Alexis... Il est jeune, il est gentil garçon, il est riche... il aime à s'amuser, c'est tout naturel... il faut que jeunesse se passe !...

— Vous dites cela aujourd'hui, et je vous ai entendue dire cinquante fois : Mon fils n'est pas raisonnable... il passe presque toutes les nuits à faire le diable... il a une mine de papier mâché... il se fera crever !...

Jeanneton fait un mouvement d'impatience et va répondre, lorsqu'un jeune homme entre dans le salon. C'est un véritable *cocodès*, ce qui maintenant signifie *gandin*, et, gandin était un diminutif de *lion*; enfin, autrefois, on aurait dit tout simplement *petit-maître*, et la qualification eût été plus juste et mieux comprise.

Celui-ci a vingt-sept ans; c'est un blond assez bien de figure, toujours coiffé, frisé, bouclé comme s'il allait jouer un rôle de *Colin*. Ses yeux bleu faïence, faute d'une expression spirituelle qu'il leur était impossible de se donner, se sont bornés à être toujours moqueurs et impertinents. Ce monsieur se croit un Adonis ; il est d'une fatuité excessive et pousse le culte de la mode jusqu'à son extrême limite. Aussi sa toilette est-elle toujours telle que la dernière gravure qui a paru dans le *Journal des Dandys*. Il se donne pour aspirant à la charge d'agent de change.

M. Alfred Guilloché, tel est le nom de ce jeune homme, se présente en sautillant, marchant sur la pointe de ses bottines vernies,

Qui est-ce qui donne des ordres ici sans ma permission? — Page 5.

et tenant à la main un élégant petit *stick* qui n'est guère plus grand qu'un bâton de chef d'orchestre.

— Pardon, mesdames, de me présenter ainsi sans être annoncé, mais je n'ai pas trouvé l'ombre d'un valet dans les antichambres... Vos gens font l'école buissonnière apparemment; ma foi ! je me suis risqué tout seul...

La présence du beau blond a sur-le-champ changé la physionomie de mademoiselle Léonide : de caustique et de mauvaise qu'elle était, elle est devenue tout à coup gracieuse et presque candide. Sa voix subit la même métamorphose : de sèche et aigre, elle devient douce et mielleuse en murmurant :

— Ah ! c'est monsieur Alfred !... Bonjour, monsieur !...

Madame Tapin se borne à faire un salut amical au nouveau venu, en lui disant :

— Est-ce qu'on a toujours besoin d'être annoncé pour entrer ?... Je ne tiens pas à toutes ces cérémonies-là, moi !

— Ah ! permettez ; s'il eût été plus tôt, je ne me le serais pas permis. Mais il est quatre heures... je me suis dit : Ces dames doivent avoir fini leur toilette.

— A quatre heures !... Dieu merci, la mienne est terminée à neuf heures du matin !...

— Oh ! vous plaisantez, madame ; à cette heure-là, vous devez être encore couchée...

— Encore couchée à neuf heures ! j'en serais bien fâchée !... je n'ai pas été élevée à me douilletter comme cela... et je m'en trouve bien !...

— Il est certain, madame, que vous avez une santé... colossale !... splendide !...

— Il faut dire aussi que, autrefois, je me couchais de bonne heure... mais depuis que je suis veuve, et pour plaire à mon fils, je vais maintenant au spectacle... quelquefois en soirée... au bal même... ce qui ne m'amuse guère, je vous le jure...

— Cependant, madame, c'est à qui vous y fêtera et s'empressera de vous être agréable...

— Parce que j'ai cent mille francs de rentes... oui, je sais cela...

Mais si, demain, je n'avais plus le sou, comme on s'empresserait de me tourner le dos !... comme tous ces visages aimables me feraient la grimace !...

— Ah ! madame... pouvez-vous croire... ?

— Je crois ce qui est, jeune homme ; je ne suis pas faite d'hier; mais je sais aussi qu'il faut prendre le monde tel qu'il est, et que ce serait perdre son temps que de le chercher meilleur. Le monde a toujours été méchant, envieux, médisant, moqueur, intéressé et faux... Vous voyez que je ne vous mâche pas mes pensées...

— Ah ! madame... vous êtes trop sévère !...

— Il y a des exceptions... j'en conviens ; ce serait bien malheureux si, dans cette foule qui passe sans cesse sous nos yeux, il ne se trouvait pas quelquefois de bonnes gens... Mais ils sont rares... on devrait les numéroter !...

— Ah ! ah ! ah ! les numéroter est charmant !... vraiment, madame, vous avez des idées pharamineuses !...

— Ah ! mon Dieu ! qu'est-ce que c'est que ça ?... *pharamineuses* !... de l'anglais ?

— Non, madame, c'est un mot que l'on a remis à la mode... cela veut dire... superbe... magnifique... enfin, cela veut dire... pharamineux !

Mademoiselle Léonide, que cette conversation ne paraît pas amuser, dit au bel Alfred :

— Et ma musique !... vous m'aviez promis de la musique, monsieur Alfred, cet air que vous chantez si bien... *Oiseaux légers*...

— Ah ! oui, je vous l'apporterai... je l'ai laissé chez madame Darmène, où l'on a donné un concert hier au soir.

— Etait-il joli, ce concert ?

— Oh ! *infect* !... excepté la petite Loïska et moi, tout le reste était détestable !...

— Et la pièce nouvelle que vous avez été voir au boulevard ?...

— Infecte !... pas un mot spirituel, pas un couplet à bisser...

— Et l'actrice qui a débuté au théâtre des Variétés ?

— Ah ! ne m'en parlez pas !... pas de tournure, de figure, de feu... infecte !...

Ah ! c'est monsieur Alfred !... Bonjour monsieur. — Page 8.

— Ah çà ! mais il trouve tout infect, ce jeune homme, se dit Jeanneton ; est-ce que cela tient à son caractère ou à son nez ?...

M. Alfred fait une pirouette qu'il termine devant une glace, en s'écriant :

— Ah ! par exemple, on nous promet une superbe soirée chez mame Gervalley... il y aura jeu, concert, bal... Je présume que l'on vous y verra, madame ?... ainsi que mademoiselle ?...

— Mais si cela doit aussi être *infect* ! répond madame Tapin, je ne vois pas trop la nécessité d'y aller.

— Ah ! que vous êtes méchante, belle dame !... Mais chez *mame* Gervalley, c'est ordinairement assez soigné... les glaces y sont bien frappées... le buffet bien truffé...

— Alors on y va pour les glaces et le buffet ?

— Ma tante m'a promis que nous irions, s'écrie Léonide, et je me fais une fête d'y danser.

— En ce cas, mademoiselle, je vous retiens pour la première mazurke...

Lapierre entr'ouvre la porte du salon et dit :

— Monsieur vient de rentrer ; il attend madame chez elle.

— C'est bien ! j'y vais... Vous permettez, monsieur Guilloché ? mais j'ai à parler à mon fils...

— Je serais désolé que vous vous gênassiez pour moi, belle dame... Je vais faire un peu de musique avec mademoiselle votre nièce.

Madame Tapin se hâte de se rendre chez elle, et elle trouve, en effet, son fils étendu sur une causeuse dans sa chambre à coucher.

Alexis Tapin vient d'accomplir sa vingt-cinquième année. Il est d'une jolie taille ; sa tournure est leste, dégagée ; son pied petit et bien cambré. Sa figure est agréable, sans être belle ; ses yeux noirs sont doux et bienveillants, mais il ne faut pas qu'on l'impatiente ou qu'on lui cherche querelle, car alors ses yeux jettent des éclairs et il s'emporte aussi vite que madame sa mère. En ce moment, Alexis est extrêmement pâle ; il a les yeux battus, fatigués par les veilles, et ses cheveux noirs sont dans un désordre

qui, du reste, est préférable à cette symétrie adoptée par ces jeunes gens qui ont toujours l'air de sortir de chez le coiffeur.

En apercevant sa mère, Alexis se lève vivement et court l'embrasser en lui jetant ses bras autour du cou. Jeanneton fait semblant de vouloir repousser son fils.

— Laissez-moi, monsieur, laissez-moi, mauvais sujet !... Est-ce qu'on a le droit d'embrasser sa mère quand on est des journées, des nuits entières sans rentrer ?... Aussi, voyez-moi cette mine .. ce teint pâle... ces yeux cernés... Est-ce que tu es malade ?... Je gage que tu es malade...

— Mais non, maman, je ne suis pas malade. Je vous assure que je me porte à ravir...

— Pourquoi donc es-tu si pâle, alors ?...

— C'est parce que... j'ai veillé un peu tard... avec des amis ..

— Un peu tard... je le crois ! tu es rentré à quatre heures du matin...

— Ah ! Lapierre vous a dit cela ?

— Oh ! ce n'est pas Lapierre ! il ne dit rien, il ne sait jamais rien, lui...

— Alors, je devine... c'est ma cousine. Je crois qu'elle ne se couche pas exprès pour savoir à quelle heure je rentre...

— Mon Dieu ! amuse-toi, je ne t'en fais pas de reproches... Je sais bien qu'il faut que les jeunes gens fassent leurs farces ; seulement, toi, vois-tu, Alexis, tu veilles trop souvent... Est-ce que la soirée n'est pas assez longue, sans qu'il faille toujours faire de la nuit le jour ?... Une fois, par hasard, je ne dis pas... mais toi, tu ruines ta santé !... Et puis à peine rentré, monsieur ressort... Où diable as-tu couru ce matin... sans attendre le déjeuner ?...

— Ma bonne mère... c'est que... j'avais une revanche à prendre... avec Saint-Didier... Hier il m'avait gagné au jeu... et en me quittant il m'avait dit : Viens demain matin déjeuner avec moi, je te donnerai ta revanche...

— Ah ! vous aviez perdu au jeu hier !... Tu joues, à présent... Mauvaise habitude, mon ami, et qu'il ne faut pas prendre ; tu as assez de fortune pour ne pas avoir besoin de te livrer aux chances du jeu... il faut laisser cela aux pauvres diables qui sont toujours à court d'argent et espèrent que le jeu leur en procurera...

— Oui, maman, oui... tu as raison... tu as toujours raison...

— Et tu as pris ta revanche ce matin ?

— Ma revanche ! c'est-à-dire que je le voulais, mais j'ai encore perdu... trois mille francs...

— Jolie revanche que tu as prise là !... Et vous en aviez donc perdu autant cette nuit?...

— Cette nuit... à peu près... j'ai perdu tout ce que j'avais encore de reste sur la pension que tu me fais...

— C'est très-bien... et nous ne sommes qu'au dix-sept !... Mon ami, prends garde, les plus belles fortunes ne résistent pas à la passion du jeu !... Celui qui possède de quoi satisfaire tous ses désirs, et qui s'expose à ne plus rien avoir, est non-seulement méprisable, mais c'est une fichue bête !...

— Ma chère maman, je trouve que dans ce moment tu raisonnes parfaitement juste, quoique tu me dises cela un peu crûment !

— Ne faut-il pas que je prenne des mitaines avec toi?

— Non, assurément. Je te jure qu'à l'avenir je ne jouerai plus que pour m'amuser... et un jeu où les pertes sont sans conséquences. Mais en attendant, je vais te dire : Tu m'as fait ta harangue... à présent tire moi du danger... ce qui signifie : Je dois les trois mille francs que j'ai perdus ce matin avec Saint-Didier...

— Ah ! oui, ta revanche !...

— Et je n'ai plus un centime dans mon secrétaire... Comprends-tu, chère mère ?

— Ce n'est pas difficile à comprendre !

Jeanneton va ouvrir un joli petit meuble en laque de Chine, elle y prend une liasse de billets de banque et en donne plusieurs à son fils, en lui disant :

— Tiens... voilà d'abord pour payer tes dettes... puis voilà pour que vous ne soyez pas sans le sou, mauvais sujet !

— Ah ! ma mère, que vous êtes bonne !

— Mais tu ne seras plus joueur?...

— Oh ! je vous le promets ! et d'ailleurs, à présent... j'ai autre chose qui m'occupe... C'est bien plus gentil que le jeu !...

— Bah ! vraiment?... Est-ce que tu serais amoureux ?

— J'en ai bien peur, allez !

— Peur ? Pourquoi peur ? L'amour, c'est de ton âge, et beaucoup plus excusable que le jeu !...

— Oui, sans doute, mais il ne s'agit pas ici d'une simple amourette !...

— Ah ! vraiment... ce serait un amour sérieux... un amour qui n'a de but que le mariage ?...

— Oui... oui... c'est cela ..

— Et quelle est cette personne qui te donne ces idées-là ?...

— Vous ne la connaissez pas, ma mère... Je ne veux pas encore vous la nommer... je veux que vous la deviniez... Elle est si jolie, si modeste, l'air si doux !...

— Tant mieux si elle a l'air doux .. pourvu que ce ne soit pas un faux air... comme chez ta cousine, par exemple, qui se donne un air doucereux dans le monde, et déchire à pleines dents tous ceux qu'elle y a vus.

— Oh ! celle que j'ai remarquée, distinguée, ne ressemble pas à ma cousine ! Au reste, vous irez à la soirée de madame de Gervalley, n'est-ce pas, ma mère ?

— Il le faut bien, puisque je l'ai promis...

— Oui, il faut vous habituer à aller dans le monde... on vous y voit trop rarement !...

— C'est une corvée pour moi que ton grand monde... J'y suis à mon aise comme si j'avais douze pouces après moi ! ..

— Vous vous y ferez... La jeune personne qui me plaît tant sera à cette soirée... vous la verrez...

— Mais il y en aura bien d'autres à cette soirée...

— Mais je gage que vous me direz : C'est celle-là !...

— Qu'est-ce que tu gages?

— Un baiser, ma mère.

— Tiens ! je veux gagner tout de suite...

Madame Tapin embrasse son fils en lui disant encore :

— C'est égal, tu es bien pâle... Si tu veux plaire à ta demoiselle, je te conseille de ne plus passer les nuits si souvent !

V

UNE GRANDE SOIRÉE

Madame de Gervalley est la veuve d'un préfet : elle est riche, et alliée à de nobles familles. Après avoir perdu son mari, elle s'est hâtée de quitter la ville où était sa préfecture, et de venir à Paris pour jouir de sa fortune, de sa position, et surtout pour ne plus entendre les cancans de la province.

Madame de Gervalley reçoit beaucoup de monde. Mais comme elle tenait surtout à ce qu'on s'amusât chez elle, son salon était ouvert à deux battants pour les gens titrés, à un seul battant pour les personnes qui n'étaient que riches, puis on laissait y pénétrer des artistes, des poëtes, des jeunes gens à la mode ; bien entendu que pour les hommes de lettres ou les artistes célèbres, on avait assez de tact pour ouvrir aussi les deux battants.

Les personnes qui ont cent mille francs de rente se glissent facilement dans les salons du grand monde. L'argent est devenu une noblesse, qui n'a pas toujours un ton parfait, mais on lui pardonne ses inconvenances en faveur des fêtes, des bals qu'elle peut donner.

Madame de Gervalley avait rencontré Jeanneton chez une personne qui ne l'appelait que madame Tapin de Bougival, et prononçait le nom de Tapin si brièvement qu'on n'en entendait que la dernière syllabe. Le jeune Alexis était un charmant cavalier et un excellent danseur ; mademoiselle Léonide avait une tenue parfaite et la voix sucrée ; la veuve du préfet avait donc invité cette famille à venir à ses réunions, et le fils de Jeanneton, qui voulait absolument que sa mère prît l'habitude d'aller dans le monde, l'avait enfin décidée à accepter l'invitation de madame de Gervalley.

Madame Tapin avait exigé que son fils vînt en même temps qu'elle et sa cousine à cette grande soirée. Avant de partir, Jeanneton fait appeler Alexis pour qu'il examine sa toilette.

— Elle est fort belle et du meilleur goût ! dit le jeune homme en regardant sa mère. Je vous certifie, chère maman, que vous allez encore faire des conquêtes.

— Je souhaite beaucoup de plaisir à ceux qui me reluqueront, mais ils perdront leur temps s'ils me font de l'œil !...

— Ma mère... faire de l'œil ne se dit pas dans le beau monde... et reluquer est aussi un verbe que l'on n'emploie plus...

— Vraiment ! Tiens, c'est pourtant gentil tout ça ; autrefois, en parlant d'un soupirant, on disait : Il me fait de l'œil, il me reluque !... et ça ne faisait pas loucher.

— C'est possible, mais les modes changent, et il y a des locutions que l'on évite d'employer aujourd'hui.

— J'ai évité déjà pas mal de tes locutions !... Mais sois tranquille, je ferai attention, je ne parlerai pas trop!...

— O ma bonne mère, parlez tant que cela vous fera plaisir... et si on avait le malheur de se moquer de vous...

— Tu te fâcherais ? Eh bien, tu ferais une bêtise, cher ami, ce serait faire une affaire de quelque chose qui n'en vaudrait pas la peine !...

— Ah ! l'autre soir, dit Léonide, à ce petit bal chez madame Richardin, il y a un jeune homme qui a bien ri quand ma tante a dit à une dame qui prétendait que les jeunes gens la feraient danser : Je leur z'en défie !...

— Mon Dieu, ma langue a tourné ; c'est : Je les en défie, que je voulais dire.

— Et quel est le jeune homme qui a tant ri quand ma mère a dit cela ?...

— C'est, je crois...

— Taisez-vous, Léonide ! mon fils n'a pas besoin de savoir le nom de ce jeune homme !... Vous seriez enchantée, sans doute, qu'Alexis allât le trouver et lui cherchât querelle...

— Mon Dieu, ma tante, si on ne peut plus rien dire !...

— Il vaudrait mieux, en effet, ne rien dire que de parler pour fomenter des querelles. Mais il me semble qu'il est bien temps de partir... A-t-on attelé ?

— Oui, ma mère, votre voiture vous attend.

— Partons, alors.

Il était dix heures et demie, les salons de madame de Gervalley étaient déjà occupés par une société nombreuse; on ne dansait pas encore, mais on causait de la pièce en vogue, des courses, des modes; et dans une partie du salon, où plusieurs hommes se tenaient debout, un avocat pérorait avec force gestes, en parlant politique, car les avocats ont un terrible penchant pour la politique, probablement parce qu'ils savent que ce sujet-là est la pomme de discorde qui fait sur-le-champ naître des discussions animées qui dégénèrent souvent en querelles, et alors ces messieurs prennent la parole et s'efforcent de vous prouver qu'eux seuls entendent quelque chose aux affaires d'État.

J'ai connu un avocat, très-aimable quand il ne parlait pas politique, malheureusement il y revenait sans cesse; il ne pouvait pas se trouver dans une réunion sans y mettre tout en feu, sans y faire naître la guerre, et c'était toujours en trouvant des systèmes pour que tous les peuples vécussent en paix. C'était, disait-on, un fort bon garçon au fond, mais alors c'était trop au fond! il fallait trop creuser, et j'ai cessé de le voir sans parvenir à trouver le tuf.

Les dames, qui, en général, aiment peu entendre causer politique, tâchaient de retenir près d'elles quelques messieurs qui leur racontaient l'anecdote du jour, ou critiquaient avec elles la coiffure de celle-ci, la robe de celle-là.

De ce nombre était madame de Grandvallon, cette belle dame approchant de la quarantaine, mais qui en paraît à peine trente-cinq, et que nous avons vue, dans sa maison, traitant si mal Apollon et faisant chasser de sa cour le chanteur ambulant.

Herminie de Grandvallon, dont la mise est de la dernière élégance, a sa fille assise à côté d'elle. La jeune Amelina est bien moins recherchée dans sa toilette que sa mère; mais ceci est dans l'ordre: celle qui brille par sa fraîcheur et l'éclat de sa jeunesse n'a pas besoin que la couturière et la modiste se donnent tant de mal pour la parer. Par son air doux et modeste, par l'expression charmante de ses yeux, la fille de madame de Grandvallon obtenait tous les suffrages, et ne se doutait pas qu'au milieu de tant de jeunes femmes et de demoiselles, c'était sur elle que l'on portait de préférence ses regards.

Un jeune homme, assez beau garçon, se tient debout derrière ces dames, et se fait un plaisir de faire sourire madame de Grandvallon en décochant des épigrammes sur la plupart des personnes qui arrivent à la soirée; M. Ernest de Rozey, tel est le nom de ce jeune frondeur, qui a toujours de l'esprit pour dire des méchancetés; mais ne lui demandez pas autre chose! tout son esprit se borne là; malheureusement, cet esprit est le plus commun.

M. de Rozey, tout en s'appliquant à faire l'aimable avec madame de Grandvallon, jetait assez fréquemment des regards sur sa fille, et cherchait à la faire sourire aussi. Mais avec la jeune Amelina il perdait sa peine et dépensait ses saillies en pure perte; la charmante fille n'écoutait guère ce que disait ce monsieur; elle était beaucoup plus occupée à regarder les personnes qui arrivaient pour la soirée.

Dans le salon voisin on avait établi des tables de jeu. Là, était M. de Grandvallon. C'était un homme de cinquante-cinq ans, grand, sec, imposant; qui parlait peu et était tout entier à sa partie de whist, jeu auquel il était, disait-on, de première force. En général, M. de Grandvallon excellait à tous les jeux, aussi y était-il presque toujours heureux, car il ne faut pas croire que la fortune ait toujours un bandeau sur la vue et qu'elle ne distribue ses dons qu'au hasard; soyez persuadé que le joueur toujours calme, toujours impassible, qui sait calculer les chances, qui remarque toutes les fautes que fait son adversaire, finit presque toujours par le battre.

Une fois assis à une table de whist, M. de Grandvallon ne s'occupait pas plus de sa femme et de sa fille que s'il était venu seul en soirée. Il faut dire aussi que, de son côté, madame n'allait pas une seule fois parler à son mari. C'était un ménage tout à fait du grand monde, et dans lequel l'amour ne devait jamais avoir fourré le bout de son nez. Les deux époux vivaient ensemble comme le soleil et la lune, ne se rencontrant guère qu'aux heures des repas.

Cependant il était facile de voir que le ton despotique de madame fléchissait toujours devant son mari, dont l'air imposant et ferme lui inspirait du respect et de la crainte. M. de Grandvallon n'était pourtant pas un tyran. Mais il était juste, exact, rempli d'ordre, et avait le plus profond mépris pour les gens qui ne payaient pas leur dette. Il aimait sa fille, mais il lui allouait,

ainsi qu'à sa femme, une somme fixe pour leur toilette; cette somme était très-suffisante pour que ces dames pussent paraître avec éclat dans le monde; mais si madame s'était permis quelque fantaisie très-coûteuse, si elle avait voulu l'emporter par son luxe sur des dames renommées pour leurs toilettes; alors son budget était dépassé et il n'y avait pas moyen d'obtenir de M. de Grandvallon qu'il y ajoutât un supplément. Comment faire alors pour satisfaire cette envie de briller qui semblait innée chez la belle Herminie? On disait, mais bien bas, que cette dame avait des dettes, qu'elle avait voulu jouer à la Bourse et n'y avait pas été heureuse; qu'elle cachait avec soin ses dettes à son mari et se trouvait parfois dans une position fort embarrassante... mais on dit tant de choses!

VI

MADAME TAPIN DANS LE MONDE

Madame Tapin, son fils et mademoiselle Léonide arrivent chez madame de Gervalley, comme onze heures allaient sonner, et au moment où la réunion était aussi nombreuse que brillante.

— Qui dois-je annoncer? demande le domestique qui se tient à la porte du salon.

— Madame Tapin, son fils, et sa nièce! répond Jaenneton à demi-voix.

Le valet, qui n'a pas bien entendu, mais ne veut pas faire répéter, ouvre les deux battants de la porte et crie:

— Madame Lapin et sa famille!...

Aussitôt un murmure confus, qui cache des rires étouffés, se fait entendre dans toutes les parties du salon.

— Comment! il arrive une famille de Lapins! s'écrie le beau de Rozey, en se penchant sur le fauteuil de madame de Grandvallon. Qu'est-ce que cela signifie?... Connaissez-vous ces herbivores, madame?

— Non vraiment... je n'ai jamais connu de Lapins!...

— Ah! attendez... si fait... je me rappelle la grosse dame et sa nièce... Elles étaient à une soirée chez madame Richard, où je m'étais fourvoyé... Il faut écouter parler madame Lapin, c'est très-amusant! elle fait des cuirs, cette dame!

— En vérité! mais comment madame de Gervalley peut-elle recevoir ce monde-là!... des gens qui s'appellent Lapin!... fi!

— Le fait est que moi, je n'aurais pas confiance en eux; ce sont peut-être des chats!

La jeune Amelina qui écoutait avec impatience cette conversation, se tourne alors vers M. de Rosey et lui dit:

— Vous dénaturez le nom de ces personnes, monsieur; cette dame ne se nomme point Lapin, c'est Tapin qui est son nom; le domestique s'est trompé en annonçant.

— Comment savez-vous cela, ma fille? demande la belle Herminie en regardant Amelina avec surprise.

— Maman, je le sais, parce que je me suis trouvée déjà plusieurs fois au bal avec le fils de cette dame. Il m'a fait danser... et je sais qu'il se nomme Alexis Tapin.

— Va pour Tapin! dit de Rozey en se dandinant. Tapin! Lapin!... l'un vaut l'autre! je ne crois pas qu'ils descendent de Charlemagne.

Pour adoucir l'effet qui s'est produit dans son salon à l'annonce des derniers venus, madame de Gervalley s'empresse de courir au-devant de madame Tapin et de lui prendre la main, en disant bien haut:

— Ah! bonsoir, madame de Bougival... combien vous êtes aimable d'être venue!... mon domestique est un imbécile, il estropie tous les noms en annonçant...

— Mon Dieu, madame, il n'y a pas grand mal... on m'a souvent appelée Lapin... je ne m'en suis pas portée plus mal...

— Venez donc vous asseoir par ici... Ah! mademoiselle votre nièce touche du piano, je crois? nous aurons le plaisir de l'entendre...

— Oh! madame, je ne sais rien par cœur!

— Bon! toutes les demoiselles disent cela! au reste j'ai beaucoup de musique ici... vous trouverez, je l'espère, des morceaux que vous connaissez... Quant à M. Alexis, je sais que c'est un danseur, Dieu merci, il nous restera, il n'est pas joueur, lui!

— Ah! madame, ne vous y fiez pas! Mon fils est tout aussi joueur que les autres...

— Vraiment! Oh! mais alors je le surveillerai pour qu'il reste avec nous.

Alexis se contente de s'incliner sans répondre; depuis son entrée dans le salon ses yeux n'étaient occupés qu'à y chercher quelqu'un, et lorsqu'il a aperçu la charmante figure de la jeune Amelina, une expression de plaisir, de bonheur, illumine tous ses traits; puis, en s'avançant et se mêlant à divers groupes, il s'est trouvé à peu de distance de la personne qu'il cherchait et, tout en la saluant respectueusement, échange avec elle un si doux regard que cela est préférable à une longue conversation.

— Quelle est donc cette dame qui vient d'arriver... et qui s'asseoit près du piano avec cette jeune personne habillée de soie, dit un vieux monsieur à son voisin?... le valet a annoncé madame Lapin, madame de Gervalley vient de l'appeler: de Bougival. A quel nom faut-il croire?

— Ni à l'un, ni à l'autre, mon cher monsieur de Coursec. Cette grosse dame, qui est encore assez bien et qui a de fort beaux diamants, on assure qu'elle a autrefois exercé une profession très-infime... qu'elle a vendu des haricots et des navets!... Tout ce que je puis vous affirmer, c'est que maintenant elle a cent bonnes mille livres de rentes, qu'elle donne de très-bons dîners, a des vins supérieurs dans sa cave et des diamants magnifiques à son cou. Ce qui fait que je ne crois nullement déroger en allant dîner chez elle... d'autant plus que les premiers patriarches ont été laboureurs, et puisqu'on honorait jadis ceux qui travaillaient à la terre, je ne comprends pas pourquoi on mépriserait ceux qui ont vendu ses produits.

M. de Coursec rit, en répondant:

— Je suis assez de votre opinion, et d'ailleurs je dis avec le poëte:

> Le véritable amphitryon
> Est l'amphitryon où l'on dîne!...

Le jeune gandin que nous avons déjà vu chez madame Tapin, M. Alfred Guilloché, était déjà dans le salon, et dès que mademoiselle Léonide est assise, il s'empresse de venir papillonner près d'elle et de sa tante. Ce monsieur a toujours une ample provision de ces phrases toutes faites que l'on peut adresser aux dames, quand on n'a rien de mieux à leur dire; il s'empresse de lâcher sa bordée:

— Bonsoir, mesdames, ah! que vous venez tard! Vous manquiez à la réunion... sans vous elle perdait tout son charme... Vous avez des toilettes ravissantes!... et des coiffures pharamineuses... toutes les dames vont vous demander votre coiffeur!

— Il me serait difficile de leur donner le mien, dit Jeanneton, par la raison que je me coiffe moi-même.

— Ah! madame, vous voulez rire, ce n'est pas possible!

— Et pourquoi donc ne serait-ce pas possible? Qu'y a-t-il de miraculeux à tourner et relever soi-même ses cheveux, jeune Guilloché?

— Ma foi, madame, c'est qu'il me serait impossible, à moi, de me faire seulement ma raie...

— Moi, je me fais coiffer, dit Léonide, je n'ai pas le talent de ma tante... et puis je n'ai pas comme elle de beaux diamants à mettre dans mes cheveux, on est toujours bien coiffée avec cela.

Alexis passait et repassait souvent devant Amélina; il avait salué gracieusement madame de Grandvallon, qui avait à peine répondu par une légère inclination de tête, et avait dit à sa fille:

— Pourquoi donc ce monsieur me salue-t-il?

— Mais parce qu'il s'est déjà trouvé avec nous en soirée, maman.

— C'est le fils de cette dame Lapin ou Tapin?...

— Oui.

— Sa mère est bien heureuse d'être couverte de diamants... c'est son passe-partout... sans eux il est probable qu'elle ne serait pas reçue ici... mais en vérité elle en met trop... c'est une exposition ambulante... elle veut nous éblouir... nous faire mal aux yeux!

Le dépit qui perçait dans la parole de cette dame prouvait qu'elle aurait bien voulu échanger les brillants assez modestes qui paraient sa poitrine, contre les magnifiques diamants par-

semés dans la coiffure de Jeanneton. Celle-ci, qui suivait son fils des yeux, et l'avait surpris plusieurs fois contemplant la jeune Amélina, avait déjà deviné de qui il était amoureux; et en bonne mère, pour être agréable à son fils, elle cherchait une occasion pour se rapprocher de madame de Grandvallon, afin de pouvoir faire connaissance avec elle. Mais la fière et noble Herminie affectait au contraire de détourner la tête toutes les fois que ses regards rencontraient ceux de Jeanneton.

On fait de la musique, on chante; quelques dames enlèvent tous les suffrages par le charme de leur voix, et généralement ce ne sont pas celles qui chantent le plus fort qui font le plus de plaisir. Mademoiselle Léonide est priée de se faire entendre; elle refuse longtemps en prétendant qu'elle ne sait rien; alors madame de Gervalley cesse de la prier et fait chanter d'autres jeunes personnes. Mais lorsqu'elle s'aperçoit qu'on ne s'occupe plus d'elle, Léonide se lève tout à coup, et, saisissant un moment où une demoiselle vient de quitter le piano, elle court s'y placer en disant:

— Ah! je me rappelle quelque chose maintenant, oui, oui... *Oiseaux légers...* je crois que je m'en souviendrai, d'ailleurs vous me soufflerez, n'est-ce pas, monsieur Alfred?

— Oui, mademoiselle!... je soufflerai tout ce que vous voudrez... même les bougies, si cela vous est agréable...

— Ah! que vous êtes méchant!... vous vous moquez toujours!

Mademoiselle Léonide a chanté; elle a beaucoup de voix, mais le timbre en est sec et peu agréable.

— Cette demoiselle aurait aussi bien fait de ne point se rappeler quelque chose! dit madame de Grandvallon au beau de Rozey, qui sourit en répondant:

— Vous allez voir que maintenant elle va avoir trop de mémoire... Tenez, que vous disais-je, voilà qu'elle en commence une autre... Il n'y a rien de terrible comme ces personnes qui se font prier très-longtemps, on serait ensuite tenté de les prier de se taire.

La seconde romance de Léonide n'ayant eu qu'un faible succès, madame de Gervalley s'empresse d'organiser la danse, et les quadrilles sont bien vite formés, car les demoiselles, et souvent les dames, préfèrent presque toutes la danse à la musique. Alexis a été inviter la jeune Amélina, mais celle-ci était déjà retenue par M. de Rozey, elle est donc obligée de refuser celui avec lequel il lui serait bien plus agréable de danser.

— Eh bien alors ce sera pour la prochaine polka? dit Alexis.

Mais avant que sa fille réponde, madame de Grandvallon a déjà dit d'un ton fort sec:

— Ma fille est retenue aussi pour la polka, monsieur, elle a des engagements pour toute la soirée.

Cette réponse signifiait clairement: Je ne me soucie pas que ma fille danse avec vous.

Alexis se sent blessé, mais il tâche de cacher son dépit. Cependant, avant de s'éloigner, il jette un profond regard sur M. de Rozey, qui affecte de parler à l'oreille d'Amélina et de rire de ce qu'il lui dit, ce qui pourtant ne fait pas sourciller celle à qui il s'adresse.

Pour augmenter le dépit d'Alexis, il voit que c'est ce monsieur qui est le cavalier de mademoiselle de Grandvallon. Il reste près des danseurs; et Léonide, qui est du même quadrille avec le bel Alfred, trouve moyen de dire à son cousin, en lui désignant le danseur d'Amélina:

— C'est ce monsieur-là qui a tant ri chez madame Richard quand ma tante a dit: *Je leur s'en défie!...*

— Ah! c'est ce monsieur-là!... Vous en êtes sûre, ma cousine?

— Oh! parfaitement; il s'appelle M. de Rozey...

— Très-bien! je suis enchanté de savoir que c'est lui...

— Ne dites pas à ma tante que je vous l'ai fait connaître... elle me ferait une scène!...

— Soyez tranquille.

Alexis s'est rapproché de sa mère, qui lui dit:

— Mon pauvre ami, il me semble que tu n'as pas de chance ce soir dans tes amours...

— Ah! ma mère! vous avez donc deviné?...

— Comme c'est malin!... tu ne cesses pas de la regarder...

— N'est-ce pas qu'elle est charmante?

— Oui, elle est bien jolie... et puis elle a l'air doux, modeste... mais, en revanche, sa mère n'a pas du tout l'air aimable!

— Ah! c'est une dame qui est très-fière... ses parents étaient d'une ancienne noblesse...

— Ça les a-t-il empêchés de mourir ?

— Non... mais leur fille croit devoir en être orgueilleuse !

— Et le mari ? est-ce qu'il n'y a pas un mari dans tout ça ?

— Pardonnez-moi ! M. de Grandvallon a l'air moins hautain que sa femme... il parle peu... mais il joue toujours; il est au whist dans le salon voisin.

— Sont-ils très-riches, ces gens-là ?

— Non; vingt-cinq mille francs de rentes tout au plus. Je le sais de personnes qui connaissent beaucoup M. de Grandvallon.

— Alors, il te reste encore de l'espoir... mais sans tes écus, vois-tu, je te conseillerais de porter ailleurs tes soupirs... car tu déplais à cette grande dame... oh ! j'ai vu ça tout de suite... Il faut qu'elle soit bien difficile pour ne pas te trouver gentil !

Alexis s'est dit :

— Puisque, sans savoir pourquoi, je déplais à la mère d'Amélina, pourquoi n'essayerais-je pas de plaire au papa ?... Voyons de son côté.

Et le jeune amoureux se rend dans la pièce où l'on joue. Le whist finissait; M. de Grandvallon voulait en recommencer un autre, mais un des joueurs veut se retirer, un autre veut voir danser; il n'y a plus d'amateurs pour recommencer un rob. Alexis s'était approché de M. de Grandvallon, qui lui dit :

— Jouez-vous le whist, monsieur ?

— Non, monsieur, et je le regrette beaucoup, puisque cela m'aurait procuré l'occasion de faire votre partie. Je l'apprendrai ; oh ! certainement, je l'apprendrai...

— Vous aurez raison. Quand on va dans le monde, c'est un jeu qu'il est indispensable de savoir.

— Mais, à défaut du whist, ne voudriez-vous pas faire une autre partie, monsieur ? un écarté, par exemple ?

— Un écarté !... triste jeu... pour qu'il amuse un peu, il faut le jouer cher...

— Nous le jouerons cher, monsieur, je ne demande pas mieux... j'aime beaucoup jouer gros jeu...

— Vraiment !... eh bien !... va pour un écarté ; autrefois je le jouais pas mal... mais il y a si longtemps...

— Voilà une table libre... et des jeux de piquet qui n'ont pas encore été décachetés...

— Soit... mettons-nous là...

Alexis s'assied vis-à-vis de M. de Grandvallon, et tirant un billet de cent francs de sa poche, le met au jeu, en disant :

— Cela vous va-t-il ainsi ?

— Oh ! diable ! tant que cela pour commencer !... Vous êtes donc bien fort ?

— Je suis fort quand j'ai plein la main d'atout !

— C'est juste, et moi aussi... Allons ! va pour cent francs...

Alexis connaissait fort bien le jeu, mais en ce moment son désir n'est nullement de gagner ; il veut, au contraire, jouer de façon à perdre. Et il est enchanté que personne ne vienne le regarder jouer, car on le verrait écarter ses atouts et refuser des cartes lorsqu'il n'a rien dans la main.

M. de Grandvallon gagne une, deux, puis trois parties. Il est d'une humeur charmante, et s'écrie :

— Diable ! je suis en veine... il me semble aussi que vous jouez un peu hardiment... vous y allez avec bien peu de chose en main...

— C'est ma manière, monsieur, ordinairement elle me réussit... mais la veine changera. Voulez-vous doubler l'enjeu ?

— Très-volontiers.

Alexis perd encore trois parties à deux cents francs. Il met alors en jeu un billet de cinq cents, en disant :

— Tenez-vous ceci, monsieur ?

— Tout ce que vous voudrez, jeune homme ; mais prenez garde, je suis en veine... je vous gagne déjà pas mal...

— O monsieur, grâce au ciel ! j'ai le moyen de perdre... et, pour moi, cette somme est une bagatelle...

— C'est différent... va pour cinq cents francs alors.

Alexis le perd ; il demande sa revanche, seulement cette fois il ne met plus au jeu et dit :

— Je ne croyais pas jouer ce soir... je n'ai plus rien dans mon portefeuille... Voulez-vous me faire crédit jusqu'à demain ?

— Oui, sans doute, monsieur... monsieur ?... j'ignore votre nom.

— Alexis Tapin... Ma mère, qui est ici, a cent mille francs de rentes, et je suis son fils unique...

— Je ne vous demande pas tout cela, monsieur, votre nom me suffisait !...

— Jouons alors.

Le jeune amoureux perd trois mille francs sur parole ; avec les quatorze cents qu'il avait mis au jeu, c'est quatre mille quatre cents francs qu'il a fait gagner à M. de Grandvallon. Il pense que cela est assez pour avoir fait sa connaissance ; et, ce qui l'enchante surtout, c'est que cela lui donne accès dans la demeure de la jolie Amélina, car, en se levant de table, il salue courtoisement son adversaire, en lui disant :

— Demain, monsieur, j'aurai l'honneur d'aller vous payer ma dette.

— Très-bien, monsieur; oh ! ne vous pressez pas ! demain ou un autre jour !

— Pardon, monsieur, mais vous me permettrez d'observer les règles du jeu, qui veulent que les dettes que l'on y contracte se payent dans les vingt-quatre heures.

Et Alexis retourne dans le salon où est sa mère, enchanté de ce qu'il vient de faire. Cette manière de se procurer accès dans une maison était assez adroite, en effet, mais elle n'est pas à la portée de tout le monde.

On dansait encore ; Léonide avec Alfred Guilloché, qui paraissait faire une cour assidue à la nièce de madame Tapin. Mais la jeune Amélina ne dansait pas ; elle était assise près de sa mère et avait prétexté un mal de tête pour refuser de polker avec M. de Rozey. Les demoiselles les plus sages n'aiment pas qu'on les contrarie : sa mère l'avait empêchée d'accepter les invitations d'Alexis, et elle s'était dit :

— Alors je ne danserai plus avec un autre !

Madame Tapin avait changé de place pour ne point gêner la danse et ne point recevoir de coups de pied des danseurs. Elle avait trouvé moyen de s'asseoir près d'Amélina, qui s'était empressée de lui faire place en lui adressant un charmant sourire ; tandis que la superbe Herminie avait, au contraire, fait la moue, comme si elle eût été choquée d'un tel voisinage.

Cependant, après la polka, une dame qui est arrivée fort tard, et dont tout le monde vante le talent et la voix, consent à se mettre au piano et à chanter. Le plus grand silence est observé, et cette dame, après avoir prélude avec goût, chante le grand air du *Pré-aux-Clercs* d'une façon ravissante.

Les bravos ont éclaté de toutes parts. Mademoiselle Léonide dit à sa tante.

— Voilà qui s'appelle savoir chanter... n'est-ce pas, ma tante ?

— Oui, répond Jeanneton ; cette dame a une voix superbe ! mais aussi elle avait choisi *une bien belle air !*...

Ces mots sont à peine échappés à madame Tapin, que le beau de Rozey part d'un éclat de rire, en regardant madame de Grandvallon, qui murmure :

— C'est trop fort !... mais je m'attendais à cela...

Mademoiselle Léonide se mord les lèvres pour ne pas rire aussi, et regarde Alfred Guilloché qui s'éloigne en sautillant. Mais Alexis, qui rôdait autour d'Amélina, a entendu la faute grossière que vient de commettre sa mère ; il en est vivement affecté et demeure comme cloué à sa place. Ce qui le désespère, c'est que justement madame de Grandvallon était des mieux placées pour entendre sa mère, et que le beau M. de Rozey a éclaté de rire. Quant à la jeune Amélina, elle a rougi comme si c'était à elle que la faute eût échappé.

Quelques instants s'écoulent. Puis, madame de Grandvallon se lève en disant :

— Il fait bien chaud ici... on y étouffe...

— Eh bien, madame, s'écrie M. de Rozey, venez contre la fenêtre... vous y serez mieux et vous y respirerez de *la bonne air*... ah ! ah ! ah !...

Madame de Grandvallon, qui trouve le mot fort piquant, en rit beaucoup, et accepte le bras de ce monsieur si spirituel, quand il est méchant, tout en faisant signe à sa fille de le suivre. Mais Alexis a aussi entendu la méchanceté que ce monsieur vient de lancer sur sa mère ; celle-ci n'y a pas fait attention ou ne l'a pas comprise ; c'est donc son fils qui se charge de punir l'impertinence de ce monsieur. Alexis ne perd plus de vue M. de Rozey, et lorsqu'enfin il n'est plus à côté de madame de Grandvallon, le fils de Jeanneton s'approche de lui et, se penchant contre son oreille, murmure :

— J'ai deux mots à vous dire, monsieur...

M. de Rozey toise Alexis d'un air dédaigneux en répondant :

— Eh bien, dites-les, vos deux mots, monsieur.

— Mais il y a de ces choses qui ne se disent pas en plein salon... au milieu du monde... veuillez me suivre...

— Non, monsieur, je suis très-bien ici et j'y reste... je ne vois pas pourquoi je vous suivrais ailleurs.

— Alors, monsieur, je vous dirai donc, ici, que vous êtes un insolent et un drôle...

— Monsieur !... vous me ferez raison...

— Chut! chut! pas si haut, on je serai obligé de vous donner un soufflet devant toute la société...

— Monsieur !... prenez garde !...

— Ma mère a fait tout à l'heure une faute de français... cela est excusable chez une dame... on peut se tromper...

— Oh ! ce n'est pas la première fois qu'elle se trompe !...

— Vous en avez ri... j'aurais excusé cela ; mais vous venez de vous moquer d'elle d'une façon indigne en offrant à madame de Grandvallon de respirer de *la bonne air*. Vous avez insulté ma mère, et si vous refusez de vous battre avec moi, je vous souffletterai, monsieur...

— Assez ! assez !... monsieur Tapin ou Sapin... je veux bien vous faire l'honneur de croiser le fer avec vous... envoyez-moi demain vos témoins... mais pas avant midi, car j'aime à dormir... voici ma carte...

— Très-bien, monsieur, mes témoins seront chez vous demain, à deux heures.

Cette conversation n'avait duré qu'un instant, et les deux jeunes gens étant dans une encoignure du salon, personne n'avait fait attention à eux, excepté cependant Léonide, qui voyait tout, observait tout, écoutait tout, et avait trouvé le moyen d'aller se placer à peu de distance d'Alexis, en se tenant derrière lui.

Sur les trois heures du matin, la société commence à devenir moins nombreuse. La famille de Grandvallon est partie, et Alexis vient dire à sa mère :

— Quand vous voudrez partir, je suis à vos ordres...

— Ah ! volontiers, mon ami, tout de suite, alors, s'écrie madame Tapin ; car, tes grandes soirées, vois-tu, l'instant où je m'y amuse le plus, c'est quand je m'en vais.

VII

DEMI-CONFIDENCES

Jeanneton ne se doutait pas que la faute de français qu'elle avait commise venait d'être cause d'un duel. Elle n'avait rien vu, rien soupçonné de ce qui s'était dit entre son fils et M. de Rozey. En revenant à son hôtel, elle était allée tranquillement se livrer au repos, quoique mademoiselle Léonide, par quelques demi-mots, eût essayé plusieurs fois de jeter de l'inquiétude, de faire naître des soupçons dans son esprit ; chaque fois que cette demoiselle avait amené la conversation sur madame de Grandvallon et ce monsieur qui avait fait danser sa fille, Alexis s'était empressé de l'interrompre et de plaisanter aux dépens du jeune Alfred, dont la mise modeste et les prétentions affectées prêtaient facilement à la plaisanterie ; alors mademoiselle Léonide répliquait en prenant le parti de son courtisan, et cela changeait la conversation.

Le lendemain de cette soirée, Alexis, qui n'a dormi que quelques heures, sort avant le déjeuner et se rend chez deux de ses intimes amis, qu'il a choisis pour lui servir de témoins dans le duel qu'il doit avoir avec M. de Rozey. Il charge ces messieurs de se rendre vers deux heures chez son adversaire, en les prévenant qu'il ne souscrira à aucun arrangement, qu'il est résolu à se battre. Car, outre l'insulte faite à sa mère, Alexis a deviné un rival dans ce beau monsieur qui se tenait constamment derrière la jolie Amélina, et il se sent heureux d'avoir une occasion de satisfaire la haine qu'il ressent déjà pour M. de Rozey.

Alexis est de retour chez lui à onze heures. Les dames n'étaient pas encore descendues pour le déjeuner. Enfin Jeanneton paraît, puis Léonide, qui fait un mouvement de surprise en apercevant son cousin.

— C'est affreux de se lever si tard ! s'écrie madame Tapin, mais voilà ce que c'est que d'aller au bal... On rentre à des quatre

heures du matin... Il faut bien tâcher de rattraper son sommeil...

— Eh bien ! ma mère, quel mal, après tout, de se lever tard lorsqu'on a tout son temps à soi ?

— Oh ! c'est égal, vois-tu, mon ami ça ne me va pas, à moi, de faire de la nuit le jour... D'ailleurs, je ne m'y suis pas beaucoup amusée à ton bal... tout ce monde-là avait un air roide, guindé, empesé... c'est bon genre, c'est possible, mais ce n'est pas gai...

— Parce que vous y allez rarement, ma mère, mais si vous en aviez l'habitude...

— L'habitude de m'ennuyer ! merci, je n'y tiens pas...

— Et mademoiselle Amélina de Grandvallon, est-ce qu'elle n'a pas l'air aimable, ma mère ?

— Si... elle est charmante, cette jeune personne, un air doux, modeste...

— On a toujours l'air doux quand on ne parle pas et qu'on fait sa bouche en cœur ! dit Léonide.

— Vous vous trompez, Léonide, car vous auriez beau faire votre bouche en cœur, je vous certifie que vous n'auriez jamais l'air doux. Il me semble aussi que vous pourriez moins rire et moins chuchoter avec M. Alfred, cela ne me semble pas convenable dans le monde.

— Alors, ma tante, madame de Grandvallon était donc bien peu convenable aussi, car elle ne faisait que rire et chuchoter avec M. de Rozey.

— Madame de Grandvallon est d'âge à faire ce qu'elle veut ; au reste, je ne vous engagerai pas à prendre cette dame pour modèle... il est difficile d'avoir l'air plus hautain, plus désagréable...

— Oui, ma tante, quand vous lui parliez surtout...

— Je ne lui ai pas parlé... je remercie seulement sa fille, qui se dérangeait pour me faire de la place près d'elle...

— Ce qui a paru déplaire beaucoup à cette dame.

— Mon Dieu, ma cousine, vous êtes terrible pour voir de la malveillance partout ! s'écrie Alexis avec impatience, pourquoi supposez-vous que madame de Grandvallon aurait été contrariée parce que sa fille faisait une place près d'elle à ma mère ?

— Je ne le suppose pas ; c'était assez visible... et vous-même, mon cousin, vous ne paraissez pas être fort bien dans les papiers de cette dame... qui n'a pas voulu que sa fille dansât avec vous...

— Sa fille était engagée, elle n'était pas libre...

— Engagée... par qui donc ?... elle n'a dansé qu'une fois...

Alexis se lève, se promène avec agitation dans la chambre, tandis que Jeanneton jette sur Léonide un regard qui semble dire bien des choses, mais n'empêche pas celle-ci de continuer à déjeuner de fort bon appétit, tout en jetant de temps à autre un regard en-dessous sur Alexis, et ce regard semble lui dire : Prenez garde ! ne me contredisez pas, car si je voulais j'en dirais bien davantage.

Le jeune homme s'approche de sa mère :

— Quand vous aurez déjeuné, ma mère, j'aurai quelque chose à vous dire... à vous seule.

— Très-bien, mon ami. Oh ! ce ne sera pas long...

— De grâce, ne vous pressez pas !

— Si fait ! si fait ! car j'aime toujours causer avec toi... rien que nous deux.

— Ils ont des mystères... des cachotteries ! se dit Léonide, mais ils ont beau vouloir se cacher de moi... je devine tout ! je suis plus fine qu'ils ne le pensent... et mon cher cousin en sera pour ses soupirs ; on ne lui donnera pas sa superbe Amélina, qui me fait l'effet d'une buse, à moi. Ah ! on trouve que je cause trop avec M. Alfred !... je m'en moque... ce jeune homme est amoureux de moi... il m'adore, il veut m'épouser... et moi je veux me marier le plus tôt possible... car je ne m'amuse pas chez ma tante ; mais il faudra qu'elle me dote... une grosse dot... elle ne peut pas faire moins pour sa nièce. Ah ! si le hasard voulait que... ! Alexis doit se battre... j'en suis sûre... J'ai entendu qu'il disait : Demain, à deux heures, mes témoins seront chez vous... Alors ils se battront pas aujourd'hui... Ah ! que je voudrais être à demain !... Car enfin si mon cousin était tué... Je ne le désire pas ! oh ! non !... mais s'il l'était, cependant, c'est moi qui deviendrais une riche héritière... et je ne sais pas si je me contenterais d'Alfred pour mari... Oh ! non ; il est gentil, mais il me faudrait beaucoup mieux que cela... Comme on me ferait la cour !... comme on chercherait à me plaire!... une héritière de cent mille francs de rente !... On peut prétendre à tout... Ah ! Dieu ! que je voudrais être à demain !

Pendant que mademoiselle Léonide fait déjà des plans pour l'avenir, dans la prévision que son cousin peut être tué en duel, celui-ci s'est rendu dans l'appartement de sa mère, à laquelle il dit :

— Ma bonne mère, vous allez me gronder, peut-être... mais c'est encore de l'argent que je veux vous demander.

— De l'argent ?... mais il n'y a pas huit jours que je t'en ai donné... Tu as donc encore joué, malgré la promesse que tu m'avais faite ?...

— Eh bien ! oui, ma mère, j'ai joué... et ce qu'il y a de mieux, c'est que j'ai perdu exprès.

— Ah ! tu trouves cela mieux !... Je n'y comprends rien... explique-toi ; je n'aime pas les énigmes, moi !

— Oh ! vous allez tout de suite comprendre celle-ci : je suis amoureux fou de mademoiselle de Grandvallon... vous le savez...

— Et j'en suis fâchée pour toi, car sa mère ne semble pas te voir d'un bon œil...

— Je m'en suis aperçu comme vous... alors je me suis dit : Si je ne plais pas à la mère, tâchons d'être agréable au père. Je sais que M. de Grandvallon aime beaucoup l'argent... sans être un *Harpagon*, il est, dit-on, fort parcimonieux. Eh bien, j'ai joué avec lui à l'écarté... je jetais mes atouts à l'écart... enfin je me suis arrangé de façon à perdre, et je lui dois trois mille francs, qu'il faut que je lui porte aujourd'hui ; car, vous le savez, les dettes de jeu se payent dans les vingt-quatre heures... Mais cela va me donner accès dans sa maison... Concevez-vous ma joie, mon bonheur... je vais peut-être y voir Amélina...

— Ta joie ! ton bonheur !... tout cela me semble un peu cher... Ton moyen pour t'introduire chez les Grandvallon est peut-être ingénieux... mais il ne faudrait pas l'employer souvent ; il est ruineux. Enfin je désire qu'il te rende la maman plus favorable, qu'il la dispose mieux pour toi... mais j'en doute... Tiens, voilà de l'argent, va payer ta dette ; et, crois-moi, cherche une autre manière pour être bien reçu par ces gens-là.

— Oh ! merci, merci, ma bonne mère, je cours chez M. de Grandvallon... c'est place La Fayette...

Alexis est monté dans son cabriolet et se fait conduire place La Fayette, car un amoureux sait toujours où demeure la personne qu'il aime. Tout au plaisir de pouvoir se présenter chez les Grandvallon, il ne songe pas plus à son prochain duel que s'il n'en était pas le principal acteur ; d'ailleurs ce duel ne doit avoir lieu que le lendemain, et jusque-là il ne veut s'occuper que de son amour.

En entrant dans cette maison, habitée par celle qu'il brûle de revoir, Alexis se sent trembler ; toute son assurance s'évanouit ; il se rappelle de quel ton sévère madame de Grandvallon a répondu à l'invitation qu'il adressait à sa fille ; mais il se souvient aussi du tendre regard qu'Amélina lui a jeté, et des quelques mots qu'il avait échangés avec elle à une précédente soirée ; ces mots-là n'étaient point des déclarations d'amour, mais entre deux personnes qui doivent s'aimer il faut si peu de chose pour s'entendre !

Alexis demande M. de Grandvallon. On lui dit de monter au premier. Il trouve un valet qui l'introduit dans un salon et va prévenir son maître. Le jeune homme reste seul dans le salon, qui a plusieurs portes. Au lieu de s'asseoir et d'attendre tranquillement, il arpente la pièce, remue quelques chaises, tousse de temps à autre, enfin fait assez de bruit pour d'une pièce voisine on puisse se dire : Il y a quelqu'un là, que cela donne l'envie d'y aller voir. Il espère que cela fera venir Amélina ; mais il ne voit arriver que le valet, qui le prie de le suivre et l'introduit dans le cabinet de son maître, où Alexis entre en poussant un gros soupir, car il prévoit que ce n'est pas dans le cabinet de son père qu'il rencontrera Amélina.

M. de Grandvallon reçoit très-gracieusement son jeune visiteur ; il devine ce qui l'amène, il présente un siége à Alexis, qui lui dit :

— Excusez-moi de vous déranger, monsieur, mais je viens acquitter la dette que j'ai contractée hier.

— Eh quoi ! monsieur, vous vous êtes donné la peine de venir vous-même !... En vérité, je suis confus...

— Ce n'est point une peine, monsieur, c'est un plaisir, puisque cela me procurait l'avantage de vous revoir.

— Vous êtes trop bon...

— Voici les trois mille francs que je vous devais.

M. de Grandville prend les billets de banque et les place dans son secrétaire, tout en disant :

— Est-ce que vous jouez souvent, monsieur Tapin ?

— Non, monsieur... quelquefois, par hasard seulement...

— Vous ferez bien de ne point trop vous livrer à cet amusement, qui a des charmes, j'en conviens ; on se laisse entraîner... c'est dangereux... et vous jouez un peu étourdiment... Excusez-moi de vous dire cela... mais c'est dans votre intérêt.

— Je vous remercie, au contraire, monsieur, des conseils que vous voulez bien me donner... J'en sens toute la justesse. Du reste, ma mère m'en a dit autant que vous, monsieur, mais je serai sage désormais, et je veux d'ailleurs étudier davantage... car je compte me faire recevoir avocat...

— Avocat ? et vous avez cent mille francs de rente !... Oh ! vous ne plaiderez pas souvent !...

— Pourquoi donc ? Il faut bien qu'un homme fasse quelque chose...

— Oui, en effet.

Un silence s'établit. M. de Grandvallon s'attendait à ce que le jeune homme le saluât et partît. Mais Alexis, qui espérait toujours que quelqu'un viendrait, ne pouvait pas se résoudre à s'en aller. Il tâche de renouer la conversation :

— Vous n'avez pas de fils, monsieur ?

— Non, je n'ai qu'une fille... Oh ! ma foi, c'est bien assez !...

— Mademoiselle votre fille est charmante... J'ai eu le plaisir de la voir à la soirée d'hier...

— Oui, elle est assez gentille, d'un caractère fort doux et pas coquette... ce qui est rare chez les demoiselles... car une femme qui n'est pas coquette, c'est une exception à la règle commune...

— Elle a bien peu dansé hier... est-ce qu'elle était indisposée ?

— Mais je ne l'ai pas entendu dire ; sa mère me l'aurait fait savoir.

Nouveau silence : M. de Grandvallon prend quelques papiers et les examine, ce qui voulait dire à son visiteur : J'ai affaire, maintenant laissez-moi. Tout à coup on ouvre la porte... Alexis a tressailli, car il a vu une robe, mais ce n'est pas la jolie Amélina qui entre dans le cabinet, c'est la superbe Herminie. Cette dame fait un mouvement de surprise en reconnaissant le fils de Jeanneton, elle répond à peine au salut profond qu'il lui fait et dit d'un ton aigre :

— Je ne savais pas que vous aviez du monde, monsieur, sans quoi je ne serais pas venue... j'ignorais que vous eussiez des relations avec... M. Tapin !...

— Monsieur a joué hier avec moi, il a perdu sur parole et ce matin il est venu s'acquitter... avec un empressement qui lui fait honneur, je me plais à le reconnaître...

Madame de Grandvallon se mord les lèvres et ne répond rien ; mais elle reste debout et se tait, ce qui signifiait assez clairement qu'elle attendait que ce monsieur partît pour parler à son mari. Alexis sent bien qu'il ne peut rester davantage, et après avoir de nouveau salué cette dame, il prend congé de M. de Grandvallon, qui le reconduit fort poliment jusqu'à sa porte, mais sans l'engager à revenir.

— Ma mère avait raison, se dit Alexis en s'éloignant. Je crois que j'en serai pour mon argent... Ah ! maintenant, ne songeons plus qu'à punir l'impertinence de ce monsieur de Rozey.

VIII

SOUFFRANCES D'UNE MÈRE

Le lendemain de cette journée, dix heures étaient sonnées depuis longtemps et Alexis ne paraissait pas pour le déjeuner ; madame Tapin, qui aimait que l'on fût exact au moment des repas, vient de dire à mademoiselle Léonide d'appeler le valet de chambre de son fils.

Léonide, qui est descendue beaucoup plus tôt que d'ordinaire, et ne cesse pas, au moindre bruit, d'aller regarder à la fenêtre, fait une singulière figure et répond d'un air embarrassé :

— C'est le domestique de mon cousin que vous voulez que j'appelle, ma tante ?

— Eh bien, sans doute... est-ce que cela te semble extraordinaire ?

— Oh ! je ne dis pas cela... seulement... si c'est pour qu'il dise à mon cousin de venir... c'est bien inutile...

Que faites-vous, madame! s'écrie Herminie. — Page 31.

— Pourquoi est-ce inutile ?

— Parce que mon cousin n'est pas chez lui...

— Comment le savez-vous ?

— Je le sais... parce que... je le sais... je l'ai vu partir... avec deux de ses amis qui sont venus le chercher...

— Ah ! et quand donc cela ?...

— Sur les neuf heures, à peu près...

— Alors Alexis déjeune en ville probablement... il aurait bien pu me le dire hier... et vous, Léonide... pourquoi ne me l'avez-vous pas appris, plutôt que de me laisser attendre Alexis pour déjeuner ?... cela me contrarie qu'il déjeune en ville ce matin... car en visitant ma caisse et mon portefeuille... j'ai fait hier au soir une découverte...

— On vous a volée, ma tante ?

— Eh non, non, on ne m'a pas volée... vous supposez tout de suite le mal... après tout, je n'en dirai rien à Alexis... et vous me laissez l'attendre... sans m'avertir !...

— Ma tante... moi, je ne savais pas... si je devais vous dire... je croyais que vous le saviez... c'est-à-dire... je n'osais pas...

— Mon Dieu ! que signifie tout cela ?... vous faites une singulière figure, Léonide? pourquoi cet air de mystère?... pourquoi faut-il vous arracher les paroles ?... vous qui aimez tant à bavarder ordinairement... qu'y a-t-il qui doive vous troubler ainsi parce que mon fils déjeune en ville ?...

Mademoiselle Léonide se pince les lèvres, regarde la pendule, lève les yeux au ciel et ne répond rien. Jeanneton, impatientée, court à elle et lui secoue le bras, en s'écriant :

— Que veut dire cette pantomime ?... Alexis vous a dit quelque chose?...

— Non, ma tante, il ne m'a rien dit !

— Alors, vous ne savez pas où il est ?

— Oh ! si fait... c'est-à-dire... je m'en doute, je sais bien pourquoi il est sorti...

— Va-t-il bientôt revenir, au moins ?

— Revenir... mais... est-ce qu'on peut savoir s'il reviendra... quand on a un duel...?

— Un duel ! que dites-vous, malheureuse !... mon fils aurait un duel !... et avec qui?

— Avec M. de Rozey, ce jeune homme qui était derrière madame de Grandvallon... au bal...

— Et pourquoi ce duel ?... à quel propos ?... quels motifs... ?

— Parce que vous avez fait un cuir, en disant que cette dame qui a chanté avait choisi *une bien belle air*... au lieu d'un bel air; et M. de Rozey s'est moqué de vous, en disant un moment après : Allons respirer *de la bonne air!...*

— Ah ! mon Dieu !... il serait possible... je suis cause... mais comment savez-vous que mon fils a provoqué ce monsieur?...

— Oh ! ce n'était pas difficile à deviner... j'ai vu mon cousin parler à M. de Rozey dans un coin, alors je me suis approchée et j'ai entendu Alexis menacer ce monsieur d'un soufflet s'il ne se battait pas... et puis, hier, il a dû envoyer ses témoins.

— Ainsi depuis ce bal vous saviez cela ! vous aviez connaissance de ce duel pour ce matin ! et vous ne m'avez rien dit ! vous ne m'avez pas avertie lorsqu'il était encore temps de l'empêcher !... lorsque peut-être tout pouvait encore se concilier !... Ah ! vous êtes une malheureuse, une misérable !... vous avez préféré laisser votre cousin exposer sa vie, se faire tuer peut-être !... Infâme !... indigne créature que vous êtes...

— Allons, bon ! c'est ma faute à présent !... mais je croyais que vous saviez tout, moi. Mon cousin vous a parlé en secret hier matin : j'ai cru qu'il vous contait tout cela...

— J'aurais su que mon fils se battait ce matin et je serais descendue tranquillement ici pour déjeuner... Ah ! taisez-vous ! taisez-vous!... Mon Dieu! que faire?... ce M. de Rosey, où demeure-t-il?...

— Est-ce que je le sais, moi ?

— Vous ne savez rien quand il s'agit de réparer le mal... Ah ! madame de Grandvallon qui connaît beaucoup ce jeune homme...

Je veux désormais que vous nagiez dans le bouillon. — Page 31.

oui... je ne vois que ce moyen... s'il était encore temps !... Ma voiture... ma voiture sur-le-champ !...

La domestique qui servait au déjeuner court donner l'ordre d'atteler. Jeanneton se donne à peine le temps de mettre un chapeau, de jeter un châle sur ses épaules, elle monte en voiture, et dit à son cocher :

— Brûlez le pavé et place La Fayette.

— Quel numéro, madame ?

— Je n'en sais rien, vous demanderez M. de Grandvallon à toutes les portes ; il faudra bien que nous trouvions la bonne.

Le cocher exécute les ordres de sa maîtresse. Il arrive place La Fayette, se fait indiquer la maison de M. de Grandvallon et Jeanneton est bientôt dans la cour. Elle demande à voir madame. M. Chipart, le petit concierge au garde-vue, répond que madame y est, mais qu'elle n'a pas l'habitude de recevoir dans la matinée, et onze heures n'étaient point encore sonnées.

— Il faut absolument que je parle à cette dame... pour une fois elle dérogera à ses habitudes.

— Alors, madame, montez au premier et informez-vous aux domestiques.

Jeanneton monte. Une femme de chambre s'informe de ce qu'elle veut.

— Parler à madame de Grandvallon sur-le-champ... c'est pour une affaire importante... pressée.

— D'abord madame ne reçoit jamais avant deux heures, ensuite en ce moment elle déjeune avec monsieur et mademoiselle... il n'y a donc pas moyen à présent.

— Ah ! mademoiselle, je vous en supplie, allez avertir votre maîtresse... il y a de la vie de quelqu'un...

Et en disant cela, Jeanneton glissait deux belles pièces d'or dans la main de la suivante. Ce diable de métal a un charme tout particulier et dont l'effet est très-prompt. La femme de chambre se laisse attendre et répond :

— Dame !... puisque c'est si important... je vais dire cela à

madame... Ah ! votre nom, s'il vous plaît, car on va me le demander...

— Madame Tapin.

— Tapin !... ça suffit...

— Allez vite... j'attends !...

La fière Herminie déjeunait en compagnie de son mari et de sa fille, lorsque la femme de chambre entre dans la salle à manger.

— Il y a là une personne qui voudrait bien parler à madame tout de suite...

— Qu'est-ce que cela signifie ?... est-ce que je reçois à onze heures ?... qui donc est assez mal élevé pour se présenter si matin et demander à me voir ?

— C'est une dame... très-bien mise... elle prétend que c'est pour une chose très-importante...

— A-t-elle dit son nom ?

— Oui ; c'est madame Tapin...

Les Grandvallon semblent fort surpris ; Herminie s'écrie :

— Madame Tapin !... mais nous n'en finirons donc pas avec ces gens-là !... cela devient insupportable, est-ce que j'ai des relations avec les Tapin ?

— C'est la maman du jeune homme qui est venu hier me payer sa dette de jeu...

— Oui, et sa mère vient peut-être aujourd'hui nous redemander cet argent en disant que son fils ne sait pas jouer... et qu'on a abusé de son inexpérience !...

— Ah ! madame... que dites-vous là ?... et qui vous fait supposer de telles choses ?... cette dame, qui a, dit-on, cent mille francs de rente...

— Et qui fait des cuirs en parlant !

— A ce prix-là, il y a bien des gens qui voudraient en faire !

— Maman, si vous ne voulez pas vous déranger, je vais aller voir ce que veut cette dame...

— Non, ma fille, non, c'est moi qu'elle demande ; je suis

2

curieuse de savoir ce qu'elle peut avoir de si important à me dire...
Restez avec votre père... Lise, faites passer dans le salon...

Jeanneton se mourait d'impatience ; enfin la femme de chambre la fait passer dans le salon, en lui disant :

— Madame va venir !

En effet, madame de Grandvallon paraît bientôt. Elle salue sèchement Jeanneton, en disant :

— Vous m'avez fait demander, madame ?... quel motif... ?

Madame Tapin, qui voit qu'on ne lui offre pas un siége, se laisse tomber dans un fauteuil, en répondant :

— Oui, madame, je suis désolée de vous avoir dérangée... mais il le fallait... il s'agit d'empêcher un duel qui peut avoir des suites fatales ..

— Un duel !... je ne comprends pas !...

— Vous connaissez M. de Rozey, madame ?

— M. de Rozey ?... sans doute, après ?...

— Il doit se battre ce matin avec mon fils...

— Avec votre fils !... et à quel sujet ?...

— J'ai eu le malheur avant-hier, à cette soirée, de faire une faute de français... que voulez-vous, madame, cela peut arriver surtout lorsqu'on n'est pas née dans le grand monde... et je suis née dans le petit, moi, madame, je ne le cache pas...

— Oh ! vous auriez beau vouloir le cacher, madame, cela se verrait toujours.

— C'est possible, madame, mais je ne trouve pas, moi, que l'on doive en rougir... quand de très-bas on est arrivé très-haut, cela prouve que l'on a eu quelque intelligence...

— Ou du bonheur, madame !

— Enfin que M. de Rozey s'est moqué de moi d'une façon peu convenable... Mon fils ne souffre pas que l'on se moque de sa mère... il a provoqué ce monsieur, ils doivent se battre ce matin...

— Eh bien, madame, que voulez-vous que j'y fasse ?... et en quoi ce duel peut-il me regarder ?...

— J'avais espéré, madame, que vous comprendriez les craintes, les inquiétudes d'une mère... et que vous m'aideriez à l'empêcher...

— L'empêcher !... moi !... et comment ?

— Vous devez savoir où demeure ce M. de Rozey ; veuillez me donner son adresse, je vais courir chez lui ; peut-être sera-t-il encore temps...

— Je ne sais pas l'adresse de M. de Rozey, madame... il demeure, je crois, dans les Champs-Elysées... j'ignore de quel côté... il nous l'a dit, je l'ai oublié...

— Ah ! madame ! si vous pouviez vous souvenir... cherchez dans votre mémoire...

— Eh non, madame, c'est inutile !... d'ailleurs, votre demande près de M. de Rozey serait parfaitement superflue... quand des jeunes gens ont résolu de se battre, il faut les laisser faire !...

— Les laisser faire !... ah ! madame, si vous aviez un fils, vous ne parleriez pas ainsi...

— Si j'avais un fils et qu'on l'eût insulté ou provoqué, je serais la première à lui dire de se battre...

— Madame... par grâce, votre mari sait peut-être l'adresse de ce M. de Rozey... si vous vouliez le lui demander... si moi-même...

— Eh non ! madame, mon mari n'en sait pas plus que moi ! en voilà bien assez pour une affaire qui ne nous regarde pas, et j'espère que vous voudrez bien enfin me laisser déjeuner en repos... car c'est insoutenable d'être ainsi relancée chez soi, par des personnes avec lesquelles on n'a aucune relation !...

Mame Tapin se lève vivement, lance un regard courroucé sur la noble Herminie et lui répond :

— Aucune relation !... vous vous trompez, madame, car j'ai entre les mains une traite de vingt mille francs, souscrite par vous à un certain Simonot... et que j'ai bien voulu lui escompter...

Madame de Grandvallon pâlit, se trouble, puis elle tâche de se remettre en répondant :

— Eh bien, madame, cette traite... n'est pas échue... on la payera à l'échéance...

— Pardonnez-moi, madame, elle est échue depuis quinze jours ; et m'en suis aperçue hier en faisant ma caisse... vous la confondez probablement avec une autre... Parmi tous ces effets que je consens quelquefois à escompter, j'ignorais, je l'avoue, que j'eusse du papier de vous... hier, seulement, je l'ai vu... Oh ! mais, soyez tranquille, madame... j'attendrai, pour vous présenter cet effet, que vous me fassiez demander...

Jeanneton salue madame de Grandvallon qui, cette fois, lui rend sa politesse, mais ne trouve pas un mot à lui répondre.

La pauvre mère sort de cette maison, où elle espérait qu'on l'aiderait à empêcher un duel dont la seule idée la fait frémir. Désolée, anéantie, elle remonte dans sa voiture ; son cocher lui demande où il doit la conduire ; elle balbutie :

— Je ne sais plus... j'ignore où ils se battent .. retournons chez moi... peut-être aura-t-on des nouvelles... allez vite, vite !

En fort peu de temps le cocher a ramené sa maîtresse à son hôtel, et la première personne que Jeanneton aperçoit, en descendant de voiture, c'est son fils qui accourt et la reçoit dans ses bras.

La bonne mère pousse un cri de joie et manque de s'évanouir ; puis elle couvre son fils de baisers, en disant :

— C'est toi !... te voilà !... et pas blessé !... Non... tu n'as rien du tout, n'est-ce pas?...

— Non, ma mère... j'ai été victorieux, et ce monsieur qui s'était moqué de vous a reçu dans le côté un coup d'épée, dont je crois qu'il se souviendra longtemps...

— Cher enfant !... ah ! que j'ai eu peur... que j'ai été malheureuse !

— Mais qui donc vous a dit que j'avais un duel ce matin, quand j'avais pris tant de soins pour vous cacher cela ?

— Léonide, mon ami, Léonide !... qui savait tout... ne m'a révélé cette affaire que ce matin, quand je t'attendais pour déjeuner...

— Quoi ! ma cousine avait su ma scène de provocation avec ce monsieur ?...

— Cette fille-là sait tout quand cela peut faire du mal... elle ne sait rien quand il faudrait l'empêcher... Mais viens donc, que je t'embrasse encore !

Derrière une fenêtre du premier étage, mademoiselle Léonide voyait ce qui se passait dans la cour ; elle était témoin de la joie de Jeanneton, mais elle ne semblait pas la partager, et murmurait entre ses dents :

— C'est Alexis qui a été vainqueur !... cela aurait tout aussi bien pu être l'autre.

IX

LA CHAMBRE D'UN PAUVRE DIABLE.

Si toutefois on peut appeler chambre un réduit, situé à un sixième étage, qui pouvait avoir douze pieds de long sur six de large, et qui faisait mansarde dans toute sa longueur, de façon que, pour s'y tenir debout, il fallait se borner à marcher dans un espace fort étroit et suivre la muraille. Cela était éclairé par une fenêtre en tabatière pratiquée dans le toit, mais à laquelle il n'était pas difficile d'atteindre, vu la proximité de ce toit. Ce taudis, qui était situé dans tout le haut du faubourg Saint-Denis, à l'endroit où il semble être devenu un village et ne plus faire partie de Paris, ce taudis s'appelait cependant une chambre garnie, et pour garniture n'avait qu'une mauvaise couchette en bois blanc, deux chaises, dont une boiteuse, une petite table ronde en fer, peinte en jaune, qui semblait avoir été dérobée à l'étalage d'un limonadier. Un de ces grands paniers carrés longs, dans lesquels on envoie ordinairement des vins fins, servait à la fois de panier, de commode et de buffet ; pour tenture, un mauvais papier à dix sous le rouleau, décollé et déchiré en grande partie, complétait le décor.

Il faut dire aussi que le propriétaire de ce local ne l'entretenait pas avec soin : il régnait dans ce galetas un désordre qui ne ressemblait pas à un effet de l'art. La poussière couvrait le plancher ; quelques vêtements traînaient çà et là sur un meuble ou à terre ; seule, une boîte à violon était posée à part dans un coin et soigneusement fermée. Sur la petite table ronde on voyait un verre et une théière qui n'avait plus d'anse ni de couvercle, et une pipe parfaitement culottée.

Vous devinez que c'était Narcisse Loiseau, autrement dit Apollon, qui occupait cette soi-disant chambre garnie. En ce moment, l'ex-ténor est encore couché, à moitié couvert par une courtepointe percée comme une poêle à marrons. Heureusement, on est en été et il fait chaud... Ces derniers mots ne sont pas superflus, car maintenant il fait souvent froid en été. Tout est en progrès ! seulement la Nature progresse vers le Nord.

— Saperlotte ! que je m'embête ! se dit Apollon en se retournant sur son lit, où, lorsqu'il étendait un peu trop ses bras au-dessus de sa tête, il ne manquait pas de les cogner contre la toiture qui lui servait presque de rideaux. Voilà huit jours que je suis cloué sur ce grabat... je crois même qu'il y a plus que cela... Ah ! Narcisse, mon ami, c'est votre faute ; voilà la suite de votre intempérance !... mais aussi comment résister à la tentation !... cette brave dame m'avait donné trois napoléons... soixante francs ! depuis longtemps je n'avais pas possédé pareille somme ! j'en ai été ébloui !... je me suis dit le grand air de *Béniousky* :

Quel nouveau jour pour moi ! quel heureux changement !
Mes chagrins sont passés comme un léger nuage !

Et je m'en suis donné !... Je suis allé m'attabler chez les Frères Provençaux, après avoir acheté un chapeau neuf... d'occasion. Et je m'en suis donné !... des truffes, des huîtres, du homard, du foie gras... et du chambertin, du madère, du champagne... je m'en suis tant fourré... que je ne pouvais plus me porter... on m'a rapporté ici en voiture... Et le lendemain, j'avais la fièvre... une inflammation de poitrine, et la gorge ne pouvait plus avaler... Voilà le résultat de ma bombance... j'avais dépensé quarante-quatre francs... eh bien, je ne les regrette pas !... Quelle noce ! je voudrais pouvoir recommencer... mais pas moyen ; ce qui me restait à servi à payer les tisanes et autres clystères que ma vieille voisine, ma dame Fantaisie, a bien voulu m'administrer. Pauvre bonne femme !... elle a eu pitié de moi.. *elle m'a prodigué... sa tendresse et ses soins...* Oh' non ! pas sa tendresse ! minute... je m'y oppose ! mais ses soins et ses bouillons... Il me semble qu'elle tarde bien à m'apporter quelque chose ce matin... je vais mieux, car j'ai faim... Et M. Soleil... qu'est-il devenu, ce drôle ?... Pauvre bête! il n'a rien trouvé à manger ici... heureusement, il sait se pourvoir ailleurs... M ! on tire la ficelle qui ouvre mon loquet... c'est lui peut-être, car je lui ai appris à se pendre à cette ficelle, et de cette façon il peut entrer et sortir sans que je le dérange.

La porte s'ouvre, mais ce n'est point Soleil qui fait son entrée, c'est une femme d'une soixantaine d'années, assez grassouillette ; de ces bonnes figures qui sont toujours disposées à gober toutes les blagues que vous leur débiterez, et qui ne doutent pas que vous ne soyez un grand prince ruiné, s'il vous plaît de le leur faire croire. Madame Fantaisie est veuve d'un cocher qui, dit-on, la fouettait de préférence à ses chevaux, ce qui ne l'empêchait pas d'adorer son mari. Il y a des femmes qui ne se plaignent pas d'être fouettées. N'ayant plus pour vivre qu'une petite rente qui ne lui permettait pas de se livrer à sa passion pour le tabac, madame Fantaisie n'avait plus qu'un désir, qu'une ambition, c'était de devenir ouvreuse de loges dans un théâtre un peu en vogue.

Cette dame s'était prise d'une grande amitié pour Apollon, parce qu'il lui avait dit qu'il était artiste, qu'il avait chanté l'opéra-comique, le grand opéra et même le vaudeville, surtout depuis qu'on n'y mettait plus de couplets. Apollon se vantait de connaître tous les directeurs de Paris, même ceux de théâtres qui n'é aient pas encore construits. Il avait promis à sa voisine de la faire ouvreuse de loges ; les promesses ne lui coûtaient rien, et il entretenait toujours madame Fantaisie dans cette douce espérance ; elle montait chez son artiste, qui logeait juste au-dessus de sa tête, dans ce simple costume que les femmes du peuple adoptent généralement pour faire leur ménage : un jupon court, une camisole en futaine à large point près nouée à la taille, des savates aux pieds et un fichu sur la tête ; plus tard, ce fichu était remplacé par un bonnet, qui était rarement d'une entière blancheur.

Madame Fantaisie tient à sa main une grande tasse de café au lait, ou plutôt de lait au café, et une assez grosse miche de pain ; elle s'avance en souriant vers la couchette et pose sur la petite table tout ce qu'elle tenait.

— Que m'apportez-vous là, ma chère madame Fantaisie ? demande Apollon en cherchant à se mettre sur son séant, ce qu'il ne devait faire qu'avec précaution, sous peine de se cogner la tête contre le toit.

— Mon *artisse*, je vous apporte du bon café au lait, tout sucré,

et que j'ai fait moi-même avec de la vraie chicorée, que c'est plus sain que le café pur... qui agite, tandis que celui-ci vous endormirait plutôt.

— Ah ! madame Fantaisie !... triste déjeuner que votre café... qui ne me rendra pas mon ut de poitrine...

— Vous avez perdu un ut de poitrine ?

— Que voulez-vous ! .. *Deus dederat, Deus abstulit !*

— Qu'est-ce que ça veut dire ?

— Cela veut dire que du ténor je suis passé au baryton... que du baryton je vais arriver au soprano... et que du soprano j'arriverai...

— A me faire ouvreuse de loges, n'est-ce pas ?...

— Assurément ! cela ne peut pas vous manquer... mais il faut de la patience... il y a tant de postulantes, de surnuméraires !... Je mets ici tant que votre place d'ouvreuse de loges est plus difficile à obtenir qu'une place d'employé au Trésor... tout à l'heure, j'y mettrai les légumes avec une gousse d'ail... c'est ça qui donne du parfum au bouillon !...

— Que diable est donc devenu Soleil ? il est parti ce matin de très bonne heure... il sera allé en chasse... Vous ne l'avez pas rencontré, madame Fantaisie ?

— Si fait, je l'ai aperçu tout à l'heure... dans l'escalier ; il avait l'air préoccupé... Je vous avoue que je ne tiens pas beaucoup à le rencontrer votre chien ; il vient toujours flairer contre mes poches... Je n'aime pas ça !

— C'est pour vous caresser... c'est une manière de vous prouver son amitié.

— Alors il a donc de l'amitié pour tout le monde ; car, dès qu'il passe quelqu'un, je le vois qui court également flairer à ses poches...

— C'est un tic, une habitude... et puis il s'ennuie de me voir malade...

— J'espère bientôt en faire autant... cela va mieux... beaucoup mieux... Demain, je recommencerai mes courses vagabondes... et ma première sera pour cette dame généreuse qui m'a donné soixante francs rien que pour l'air de *la Dame blanche* !... Viens, gentille dame !...

— Ah ! oui, oui, c'est une gentille dame !... mais vous avez tout de suite été flûter vos soixante francs... au point qu'il a fallu qu'on vous rapporte ici...

— Que voulez-vous, madame Fantaisie *habent sua fata libelli* ! ce qui signifie que j'aime les bonnes choses... traduction libre.

— Je ne vous dis pas que vous n'étiez pas libre de vous régaler un tantinet... mais il faut toujours conserver sa dignité d'homme...

— Est-ce que votre mari, le cocher, ne se grisait pas un peu quelquefois ?

— Mon défunt ? Jamais !... il n'aimait que le cidre... c'était un Normand...

— Il n'était pas très-doux, à ce qu'on prétend ..

— Lui ! par exemple !... ce sont les mauvaises langues qui ont dit cela... C'était la crème des hommes ! doux comme un agneau.

— Vous m'étonnez ; les cochers n'ont pas l'habitude d'être des agneaux.

— Eh bien, monsieur, Fantaisie en était un, et la preuve, c'est que jamais il n'a eu un mot avec ceux qu'il conduisait... jamais !

— Oh ! ceci me paraît fort...

— C'est comme ça, monsieur, jamais le moindre mot !... Il était cocher de corbillard.

Apollon se roule en riant sur son lit, en s'écriant :

— Vous me faites poser, madame Fantaisie. Parbleu, si votre mari était cocher de corbillard, je comprends qu'il ne se soit jamais querellé avec ceux qu'il menait !... pourquoi n'avez-vous pas demandé sa place... quand il a *cassé sa pipe* ?

— Ah ! monsieur, on ne veut pas de femmes pour conduire !.. et on a bien tort !... elles ne feraient pas tant de malheurs... D'abord, moi, je m'arrêterais devant toutes les personnes qui passeraient, et je n'irais qu'au pas.

— Mais si on était pressé, c. pendant ?

— Ah ! monsieur, à ceux qui seraient pressés je leur dirais :

Allez à pied !... Mais, mon Dieu ! je bavarde, et j'oublie d'aller mettre mes légumes dans mon pot-au-feu... J'ai laissé ma porte ouverte... mais je ne crains pas qu'on me vole.

— Voilà l'avantage de la pauvreté, madame Fantaisie, c'est qu'on ne craint pas les voleurs.

— Eh bien, je vous avoue que j'aimerais mieux en avoir peur. Au revoir, mon voisin, à tantôt...

La voisine est partie, et Apollon s'étend de nouveau sur sa couchette, en se disant :

— Bonne femme !... excellente femme !... sans elle je n'aurais pas eu de tisane... O les femmes ! c'est à elles que nous devons tous nos plaisirs et toutes nos peines ! toutes nos joies et toutes nos souffrances !... J'en ai beaucoup aimé dans ma vie... c'est-à-dire beaucoup trompé... et de tous ces amours, de toutes ces passions violentes que faisait naître le beau clerc d'avoué, Narcisse Loiseau, voilà tout ce qui me reste... la pitié de madame Fantaisie !... Il est vrai que je n'ai pas été son amant, à celle-là, sans quoi elle m'aurait probablement tourné le dos comme les autres... Je conviens que de mon côté je ne me suis pas toujours fort bien conduit avec mes conquètes... il en est une surtout... Ah ! j'ai quelquefois comme des remords... mais bah ! elle s'en sera tirée, et n'aura pas exécuté sa menace... Et puis, que pouvais-je faire, moi ?... je n'avais pas le sou !...

En ce moment le loquet de la porte se soulève avec violence, et Soleil fait vivement son entrée dans le logis d'Apollon. Le caniche court au lit d'Apollon d'un air conquérant et la queue en trompette ; il tient dans sa gueule un objet assez volumineux, qu'il vient présenter au convalescent ; et pour qu'il puisse mieux voir son butin, il se tient sur ses pattes de derrière, en appuyant celles de devant sur le lit.

— Ah ! c'est vous, monsieur Soleil ! dit le chanteur en se tournant vers son chien. Vous êtes sorti de bien bonne heure aujourd'hui pour aller à la maraude... Qu'est-ce que vous m'apportez là ?... Dieu me pardonne... c'est un morceau de bœuf cru avec un os, tout arrangé, tout ficelé... Mais c'est le pot-au-feu de madame Fantaisie que vous avez volé, je le gage... Oui, il est encore tout mouillé... il sort de la marmite... Ah ! misérable ! gredin que vous êtes !... voler cette bonne voisine qui a soin de moi !... qui avait mis le pot-au-feu tout exprès pour m'offrir du bouillon !... Comment voulez-vous qu'elle me donne du bouillon si vous lui prenez son bœuf ?... Encore s'il était cuit... je vous excuserais... mais il vient à peine d'être mis dans la marmite... Votre conduite est infâme... allez bien vite reporter cette viande où vous l'avez prise... m'entendez-vous ?... Il m'entend, mais il ne semble pas du tout disposé à faire ce que je lui dis... Ensuite... ce morceau qu'il a déjà entamé avec ses dents... ce n'est plus très-séduisant... Ah ! mon Dieu ! j'entends des cris... des plaintes dans l'escalier... c'est madame Fantaisie qui vient sans doute de s'apercevoir de la disparition de son morceau de paleron... Vous allez être pincé, mon drôle, et recevoir une roulée... Oui, la voisine monte... je l'entends !...

Mair Soleil aussi avait entendu venir la voisine, et avec la promptitude d'un clown, il a été se précipiter dans le grand panier qui est au pied du lit, et, sans avoir lâché son morceau de bœuf, fait retomber le couvercle du panier sur sa tête. Tout cela s'est exécuté si lestement, que Narcisse ne peut s'empêcher de rire en se disant :

— Ce chien-là mériterait d'être engagé au Cirque, il ferait faire de l'argent... il a plus d'esprit qu'un singe !... Et je le trahirais... je le livrerais !... ma foi non, ce serait une lâcheté.

Madame Fantaisie entre dans le taudis, tenant encore à sa main une petite botte de carottes, panais et poireaux bien attachés ensemble ; sa figure, ordinairement si bonasse, s'est presque animée ; elle s'écrie :

— Ah ! mon cher artiste, savez-vous ce qui m'arrive ?... mon pot-au-feu a disparu... ma marmite ne contient plus que de l'eau... on m'a volé mon bœuf !... J'allais y mettre ces légumes, quand je me suis aperçue qu'il n'y avait plus de viande dedans... Quel malheur ! un si beau morceau !... C'est votre chien, c'est ce scélérat de Soleil qui doit avoir fait le coup !

— Pourquoi pensez-vous que c'est lui ? L'avez-vous aperçu chez vous ?

— Non... mais je l'avais rencontré dans l'escalier... J'avais laissé ma porte ouverte quand je suis montée tout à l'heure... Vous savez vous-même comme il est voleur !...

— Oui... mais il n'y a pas que lui de voleur dans la maison...

La dame du quatrième a un chat qui jouit d'une bien mauvaise réputation.

— C'est vrai ; mais aussi la dame du quatrième a soin d'empêcher son chat de sortir.

— Il ne faut qu'un moment... on n'a pas toujours l'œil au guet...

— Et vous n'avez pas vu Soleil ?... il n'est pas venu vous apporter son vol ?...

— Dame ! ma chère voisine... regardez si vous le voyez ici...

Madame Fantaisie regarde autour du lit ; le plus grand silence règne dans la chambre, on entendrait une mouche voler.

— Non, il n'y est pas... Allons, voilà mon pot-au-feu perdu...

— Mettez toujours vos légumes dans la marmite...

— Ça fera un drôle de bouillon !... Je vais tâcher que le boucher me donne des os ; avec beaucoup d'os on parvient quelquefois à obtenir du bouillon... mais ce n'est pas bien fortifiant...

— Je m'en contenterai... Il faut prendre le temps comme il vient et le bouillon comme il est... *Facere de necessitate virtutem.*

— Alors je vais retourner chez le boucher.

— Pauvre femme ! se dit Apollon quand sa voisine est partie. Ah ! je retournerai voir madame Tapin, et si cette dame est encore aussi généreuse, certainement je payerai un autre pot-au-feu à madame Fantaisie, et c'est vous, monsieur Soleil, qui m'aurez obligé à cette dépense. Eh bien ! monsieur le voleur... la voisine est loin... est-ce que vous allez rester au fond de mon bahut ?

Mais le couvercle du grand panier se soulevait tout doucement, et déjà le caniche montrait le bout de son nez. Cependant, lorsqu'il est certain qu'il n'y a plus que son maître dans la chambre, il redisparaît dans le panier ; seulement on l'entend, cette fois, qui dévore son morceau de bœuf, et attaque même l'os à la moelle.

X

PROJETS DE LÉONIDE

Depuis son duel, Alexis était devenu très-rangé, très-raisonnable ; il ne passait plus les nuits, il ne jouait plus, il était exact aux heures des repas ; mais aussi il était triste, pensif, il avait perdu sa gaieté, car il ne voyait plus Amélina. Madame de Grandvallon n'avait pas paru à plusieurs soirées, où cependant elle était invitée.

Et la bonne Jeanneton, qui se désolait de voir son fils tout mélancolique, lui disait quelquefois :

— Pourquoi ne fais-tu aucune nouvelle partie avec tes amis ?... Tu ne songes plus à t'amuser... tu ne joues plus... tu deviens trop raisonnable... et tu maigris... Je veux que tu fasses des folies, moi ; joue si tu veux... perds ton argent ! mais sois gai comme autrefois. Cela me fait de la peine de te voir soupirer !...

— Vous en savez la cause, ma mère. J'aime et je ne vois nulle part celle que j'aime... ma mère se la mène plus dans le monde, où elle-même va fort peu depuis quelque temps. J'ignore quel caprice rend aujourd'hui madame de Grandvallon si différente de ce qu'elle était autrefois... elle qui était l'âme de toutes les fêtes, qui s'y faisait remarquer par son élégance, par le goût de ses toilettes, ne se montre plus que fort rarement dans les plus brillantes réunions. Son mari y va seul, madame ne l'accompagne plus... et naturellement Amélina reste avec sa mère.

Madame Tapin devine en partie le motif qui rend la noble Herminie plus sédentaire ; elle a fait prendre des informations, elle a voulu se renseigner sur la position pécuniaire de cette dame, qui a des lettres de change en souffrance ; elle a su que, pour satisfaire son goût pour le luxe, et ne pouvant y parvenir avec la somme que son mari lui allouait pour sa toilette, madame de Grandvallon avait d'abord emprunté une somme assez légère, avec laquelle elle avait voulu jouer à la bourse ; mais au lieu de gagner elle avait perdu. Il lui avait fallu emprunter de nouveau, et cette fois on ne lui avait prêté qu'à gros intérêts. Ensuite cette somme avait fait la boule de neige ; chaque fois que l'échéance d'un de ses billets arrivait, au lieu de le payer, elle le renouvelait, en payant seulement les intérêts ; puis, ennuyée de sa position, la belle dame voulait de nouveau tenter le sort ; elle empruntait ailleurs, jouait, perdait encore, et se trouvait de plus en plus endettée. Cependant, jusqu'alors les créanciers avaient été patients, parce qu'ils étaient persuadés que M. de Grandvallon ne laisserait jamais sa femme dans l'embarras. Mais tout cela inquiétait, tourmentait la belle Herminie, qui n'avait pas voulu abaisser sa fierté jusqu'à supplier son mari de venir à son aide. Car, dans le grand monde, avoir des dettes est une chose toute simple et qui ne déshonore pas ; mais s'occuper de les payer est un ennui insupportable.

Jeanneton n'avait donc pas parlé à Alexis de la lettre de change qu'elle avait entre les mains ; elle aurait trouvé lâche que son fils se prévalût de sa position de fortune pour se faire accueillir par cette noble dame, et elle regrettait même ce qu'elle avait dit à celle-ci dans un mouvement de colère.

— C'est peut-être parce qu'elle me doit de l'argent que cette belle dame ne va plus dans le monde, de peur de m'y rencontrer, pensait Jeanneton, qui se repentait de sa vivacité, mais il n'y avait plus à revenir là-dessus.

Pendant que l'amoureux Alexis soupirait, et que sa mère se désolait de le voir triste, mademoiselle Léonide continuait à se faire courtiser par le jeune Guilloché, qui, dès qu'il se trouvait seul avec elle, s'empressait de lui dire :

— Quand nous marions-nous, mademoiselle ?... car vous savez que je vous adore...

— Monsieur, vous me l'avez déjà répété souvent... et comme vous n'y étiez pas forcé, je me suis laissée aller à vous croire...

— Ah ! que c'est spirituel ce que vous me dites là... Eh bien, alors...

— Alors je ne demande pas mieux que d'être votre femme, d'autant plus que je serai très-contente de me marier pour ne plus vivre chez ma tante, où l'on s'ennuie beaucoup depuis quelque temps.

— Oui, c'est vrai ; votre cousin n'est plus gai du tout !... Il a cependant donné un bien beau coup d'épée à M. de Rozey... et ça pose joliment un jeune homme dans le monde !

— Je ne sais pas si ça pose dans le monde, mais je ne crois pas que cela ait mieux posé mon cousin près de madame de Grandvallon. Alexis est bête comme un pot !... il soupire pour mademoiselle Amélina, qu'on ne lui donnera jamais pour femme, parce que madame de Grandvallon est fière comme une reine !... et qu'elle ne voudra pas que sa fille épouse le fils d'une marchande de pommes ; car ma tante a vendu des pommes, je ne vous le cache pas, à vous, monsieur Alfred, qui trouvez que l'or vaut mieux que tous les parchemins...

— Oh ! oui, mademoiselle, moi je ne trouve rien de plus noble que l'or... Et votre maman, à vous, mademoiselle, qu'est-ce qu'elle vendait ?

— Ah ! je n'en sais rien, je ne l'ai pas connue... elle sera morte quand j'étais toute petite, et ma tante m'a prise tout de suite avec elle.

— Pauvre petite ! sans père ni mère !... et orpheline, peut-être ?

— Dame ! ça y ressemblait beaucoup. Maintenant, monsieur Alfred, puisque nous sommes d'accord, pourquoi ne demandez-vous pas tout de suite ma main à ma tante ?

Le jeune Guilloché se gratte le nez, sautille sur une jambe, puis répond en hésitant :

— Mademoiselle... vous comprenez... je veux être agent de change... ou acheter une demi-charge... à la rigueur je me contenterai même d'un quart de charge... ou d'un huitième... mais cela coûte fort cher. J'ai bien de l'argent, mais je n'en ai peut-être pas assez... je suis même sûr que je n'en ai pas assez. Donc, il faudrait que je sache... non, c'est que je susse qu'il faut dire ici ; il faut donc que je susse... non ! à présent c'est que je sache... enfin je voudrais savoir ce que votre tante vous donne pour dot .. ça me guiderait... Elle doit vous donner une belle dot... Quand on a cent mille francs de rente et qu'on marie sa nièce, on doit bien faire les choses ! Vous me direz : Elle a un fils ! Oui, mais ce fils est unique, il lui en restera encore bien assez. Faites-moi donc le plaisir de tâter votre tante, de tâcher de connaître... son chiffre... Moi, ce n'est pas que j'y tienne... mais c'est pour payer ma charge d'agent de change.

— Eh bien, soyez tranquille, monsieur Alfred, dès demain je parlerai à ma tante, et je la prierai de me dire ce qu'elle compte me donner pour dot. Oh ! je ne suis pas timide, moi, je n'ai pas

peur de parler. D'ailleurs, il me semble tout naturel de désirer savoir à quoi m'en tenir. Je veux me marier, vous voulez m'épouser, il faut donc que ma tante s'exécute.

Et en effet, le lendemain, après le déjeuner, mademoiselle Léonide, se trouvant seule avec madame Tapin, lui dit en prenant un air mielleux :

— Ma chère tante, j'ai une confidence à vous faire.

Depuis le duel dans lequel le sort avait heureusement favorisé son fils, Jeanneton ne regardait plus Léonide que d'un air sévère ; elle semblait ne plus éprouver pour elle que de l'aversion ; enfin elle ne pouvait pas lui pardonner d'avoir gardé le silence et laissé Alexis aller se battre, lorsqu'il était encore possible d'empêcher ce combat. Elle répond donc assez sèchement à Léonide :

— Ah ! vous avez une confidence à me faire ?... Est-ce que mon fils a encore un duel, ce matin ? Est-ce parce qu'il est maintenant sur le terrain, que vous vous décidez à me le dire ?...

— Mon Dieu, ma tante, il n'est pas question de duel ; vous revenez toujours là-dessus... Ce qui est passé est passé ! D'ailleurs mon cousin n'a pas eu la plus petite égratignure !...

— C'est dommage, n'est-ce pas ?

— Tous les jours les jeunes gens se battent pour une chose ou pour une autre... et ils n'en meurent pas...

— Laissons cela, mademoiselle, car votre manière de penser ne ressemble pas à la mienne. Au fait, quelle confidence avez-vous à me faire ?

— Voilà ce que c'est, ma tante : M. Alfred Guilloché... est très-amoureux de moi et désire m'épouser...

— Ensuite ?

— Mais M. Alfred veut être agent de change... ou à peu près ; pour acheter une charge... ou une demi-charge, il faut beaucoup d'argent... ce jeune homme n'en a pas assez .. et avant de vous demander officiellement ma main, il désire savoir ce que vous me donnerez pour dot ; voilà la chose. Il m'a priée de le renseigner là-dessus... pour le lui dire, il faut que je le sache, naturellement.

— C'est-à-dire que M. Alfred veut trouver une femme qui lui apporte de l'argent... Il n'est nullement amoureux de vous, mais il vous épousera si votre dot lui semble assez dodue...

— Ah ! ma tante ! pourquoi donc voulez-vous que ce jeune homme ne soit pas amoureux de moi ?... Il me semble que j'en vaux bien la peine !...

— Parce que, quand un homme est amoureux d'une demoiselle, il commence par demander sa main, sans s'informer du plus ou moins d'argent qu'elle lui apportera.

— Ah ! ma tante ! c'était bon autrefois, cela... mais à présent, vous savez bien que nous progressons !... Il faut suivre le progrès...

— Ce qui veut dire qu'il ne faut plus aimer que l'argent. En effet, c'est là où on en est arrivé avec votre progrès.

— Enfin, ma tante, que dirai-je à M. Alfred quand il me demandera votre réponse ?

— Vous l'enverrez à l'ours !...

— A l'ours ?... Qu'est-ce que cela signifie ?... Est-ce vous qui êtes l'ours, ma tante ?

— Cela signifie que vous enverrez promener votre M. Guilloché. Vous lui direz que je le trouve trop curieux, et que je n'ai pas de comptes à lui rendre...

— C'est-à-dire que vous refusez de m'établir... que vous ne voulez pas que j'épouse ce jeune homme !... Mais c'est affreux, cela !... vouloir s'opposer au bonheur de sa nièce !... vous n'en avez pas le droit...

— Oh ! épousez-le, je ne m'y oppose pas.

— Alors, quelle dot me donnez-vous ?

— Et qui vous dit que je veux bien vous donner une dot ?... Je vous trouve bien hardie de me parler ainsi.

— Ah ! par exemple !... voilà qui serait joli !... Vous avez cent mille francs de rente, rien qu'un fils, et vous ne donneriez pas de dot à votre nièce !... Ce serait atroce !... C'est alors qu'on dirait : On voit bien que c'est une parvenue... qu'elle a gagné sa fortune à vendre des trognons de pommes... cette dame qui a voiture à présent !...

— Léonide, ne faites pas l'insolente... Prenez garde !

— Tant pis ! je suis exaspérée, moi ; je veux me marier... je ne veux plus rester ici... Non, je ne voulez pas me donner de dot... mais enfin, quand ma mère est morte, elle a laissé quelque chose, peut-être ?... Ce qu'elle a laissé, cela m'appartient. Qu'en avez-vous fait ?

Madame Tapin jette un profond regard sur Léonide, en murmurant :

— Malheureuse !... ingrate !... Oh ! oui, votre cœur ne comprend pas la reconnaissance... et je n'aurais qu'un mot à dire pour vous réduire au silence ! pour vous faire rougir de vos impertinences ! Elle me demande ce que sa mère lui a laissé !...

Léonide se tait, mais elle se ronge les ongles, elle frappe du pied avec impatience, puis elle va s'asseoir dans un coin du salon, où elle se met à déchirer une broderie qu'elle avait commencée. Jeanneton ne la regardait plus ; elle semblait plongée dans ses réflexions. Dans ce moment les accords d'un violon se font entendre dans la cour, puis, bientôt après, une ritournelle. La voix d'Apollon entame l'air de *Joseph* : *Champs paternels*, etc.

Madame Tapin prête l'oreille ; elle écoute avec intérêt ; Léonide jette de côté sa broderie, en s'écriant :

— Bon ! il ne manquait plus que cela ! c'est cet affreux braillard de l'autre jour !... Comment peut-on laisser entrer ces gens-là dans la cour !

Jeanneton s'est approchée d'une croisée ; elle regarde, reconnaît Apollon, lui laisse achever son air, puis, quand il a fini, se montre à la fenêtre et fait signe au chanteur de monter.

Apollon s'est confondu en salutations. Étonné des signes qu'on lui fait, il balbutie :

— Est-ce que madame a un autre air à me demander ?...

— Je désirerais causer un moment avec vous, monsieur, répond Jeanneton. Voulez-vous monter pour quelques instants ?...

— Oh ! je suis à vos ordres, madame, je monte... je monte...

Léonide ne peut croire ce qu'elle entend, et lorsque le chanteur des rues entre dans le salon, elle répond par un regard méprisant au profond salut qu'il vient de faire. Mais madame Tapin se lève, et, faisant signe à l'artiste ambulant de la suivre, lui dit :

— Veuillez venir dans ma chambre, monsieur ; je désire vous parler en particulier.

— Me voilà, madame, à vos ordres... toujours à vos ordres !

Et Apollon disparaît sur les pas de Jeanneton, tandis que Léonide s'écrie :

— Ma tante emmène dans sa chambre ce misérable braillard !... pour le coup, cela devient trop fort !... il n'est pas possible, elle veut se remettre à vendre des pommes !

XI

LES AMOURS DE NARCISSE

Arrivée dans sa chambre, Jeanneton se jette dans un fauteuil, elle fait signe à Apollon de s'asseoir, et lorsqu'il a pris place, lui dit :

— Monsieur, cela doit vous paraître singulier de me voir vous demander cet entretien particulier ?

— Madame, j'ai vu tant de choses singulières depuis que je suis au monde, que rien ne peut plus m'étonner.

— Monsieur, en vous reconnaissant l'autre jour pour ce Narcisse Loiseau, clerc d'avoué, qui habitait à l'entrée du faubourg Saint-Honoré... car c'est bien vous qui êtes ce Narcisse ?...

— Oui, madame, c'est bien moi. J'étais second clerc chez maître Falenbert...

— Maître Falenbert... oui, c'est bien ce nom-là...

— Je pourrais, si vous le désiriez, vous en fournir la preuve...

— C'est inutile, je vous crois, et vous reconnais même un peu, car je vous voyais souvent passer, tout en vendant mes légumes et mon beurre...

— Quoi ! madame a tenu une confection de beurre et de légumes ?...

— Une boutique, monsieur, une simple boutique de fruitière. Mais revenons à vous : les bavardes du quartier venaient souvent chez moi se réunir, je ne pouvais les en empêcher, et cela me mettait au courant d'aventures galantes, d'intrigues, que je n'aurais pas cherché à savoir. Votre nom était souvent prononcé, monsieur, on vous disait l'amant de celle-ci, le séducteur de celle-là...

Apollon se rengorge, et sourit en murmurant :

— On ne se trompait pas, madame, je ne crains pas d'en convenir... J'étais très couru. Les dames, les demoiselles me prodiguaient leurs plus douces faveurs ; j'avais des rendez-vous à ne plus savoir à laquelle entendre !... C'est peut-être cela qui me décida à quitter l'étude de maître Falenbert. On se lasse de tout ! même de faire des passions !... Et puis la constance n'est pas dans ma nature... Que voulez-vous ! on ne se refait pas.

— Monsieur, je vais vous adresser une question qui vous semblera peut-être indiscrète... ce n'est pas une vaine curiosité qui me la dicte... Il s'agit pour moi d'un fait qui m'intéresse, et sur lequel je cherche à obtenir des renseignements...

— Dites, madame ; si je puis vous en fournir, je serai enchanté.

— Monsieur, dans le quartier que nous habitions alors tous les deux, demeurait aussi une demoiselle de haute naissance et dont on vantait la beauté... Elle n'avait plus que son père, qui était, disait-on, d'origine italienne, et que l'on nommait le marquis de Santaflora.

Au nom du marquis de Santaflora, le front du chanteur s'est rembruni, ses traits ont pris une expression presque triste, et il secoue la tête en soupirant :

— Ah ! vous voulez parler de la belle marquise, comme nous nommions à l'étude mademoiselle de Santaflora ? Oui, oui, je l'ai connue... Oh ! elle était ravissante... n'est-il pas vrai, madame ?

— Moi, monsieur, je ne l'ai jamais vue... elle ne sortait guère qu'en carrosse, et lorsqu'elle allait à pied avec sa femme de chambre à l'église de la Madeleine, elle était toujours si bien voilée, qu'on n'apercevait guère ses traits... et puis je n'avais alors aucune raison pour chercher à la connaître... et, quand j'aurais voulu la voir, il n'était plus temps, elle avait quitté notre quartier.

— En effet... elle est partie un peu avant moi, je me le rappelle.

— Eh bien, monsieur, vous qui deviez être au courant de toutes les aventures galantes arrivées par là, avez-vous entendu dire que mademoiselle de Santaflora avait eu une faiblesse pour un jeune homme... et que cette faiblesse avait eu des suites ?... ou tout cela n'était il que de la calomnie ?

— Non, madame, tout cela était vrai... bien vrai ! et vous ne pouviez pas mieux vous adresser pour le savoir, car c'est moi qui suis le héros de l'aventure...

— Vous, monsieur !... il serait possible !... vous seriez !...

— Celui qui a été l'heureux amant de cette belle demoiselle ! Vous vouliez des renseignements, je vais vous conter toute cette histoire... personne ne pourra être mieux renseigné que vous...

— Mais, monsieur, si ce récit vous est pénible...

— Pénible ! pas du tout ! il me rappellera ma jeunesse, mes beaux jours. Il y a bien, à la vérité, un certain passage qui n'est pas à mon avantage... mais ma foi, tant pis ! je ne veux pas me faire meilleur que je ne suis. Et puis, vous avez été si bonne pour moi !... c'est bien le moins que je n'aie rien de caché pour vous. Personne ne peut nous entendre, n'est-ce pas, madame ?

— Non, monsieur, nous sommes bien seuls.

— Alors, je commence. J'étais second clerc chez maître Falenbert, lorsque nous y vîmes un jour arriver M. le marquis de Santaflora ; c'était un petit homme sec, à la parole brève, au regard fier, hautain ; le marquis avait des affaires fort embrouillées ; c'était un de ces riches malaisés qui font beaucoup d'embarras et doivent plus qu'ils ne possèdent. Il avait besoin du ministère d'un avoué, et chargea notre patron de débrouiller ses procès. A l'étude, nous avions souvent entendu parler de la fille du marquis ; on la citait pour sa beauté, son élégance ; les relations que son père nouait avec notre étude devaient naturellement procurer à l'un de nous l'entrée de sa maison. Ce fut moi que l'on chargea d'aller chez le marquis chaque fois que nous avions besoin d'un renseignement ou d'une pièce qui nous manquait. Voilà comment je fis connaissance avec mademoiselle de Santaflora. Car son père était souvent absent, et alors c'est à elle que je m'adressais pour avoir les documents qui nous manquaient, et qu'elle me donnait avec beaucoup d'intelligence, car elle connaissait les affaires de son père mieux que lui-même.

Je fus d'abord frappé, ébloui par la beauté de cette jeune personne... elle avait alors dix-neuf ans à peine. Je n'aurais pas osé lui adresser un mot d'amour... si je n'avais pas lu dans ses regards pleins de feu que je ne lui étais pas indifférent. Permettez-moi de dire que j'étais alors fort joli garçon... si vous m'avez vu à cette époque... il y a vingt et un ans de cela, vous devez me trouver diablement endommagé !...

— Oui, monsieur, oui, vous étiez fort bien, je me le rappelle ; mais veuillez continuer.

— Que vous dirai-je, madame! J'avais plu à la fille du marquis; de mon côté je la trouvai ravissante ! l'affaire ne demandait qu'à s'arranger, et elle s'arrangea en effet. Rien ne m'était plus facile que de me trouver avec ma nouvelle conquête... mon avoué avait besoin de renseignements, je devais aller le client ; le marquis était souvent absent; j'étais, d'ailleurs, prévenu par sa fille des heures où il sortait... Bref, tout alla au mieux, et la jeune femme de chambre de ma belle maîtresse ne voyait rien, ou du moins était censée ne rien voir. Tout cela fut charmant pendant trois mois. Au bout de ce temps ma belle devint triste, inquiète ; puis elle m'annonça qu'elle me portait dans son sein... résultat de nos relations. Cette nouvelle ne me causa pas un sensible plaisir ; elle n'avait cependant rien que de très-naturel, ces choses-là arrivent tous les jours!... et cependant cela nous surprend toujours comme si cela ne devait pas arriver. Je prévoyais d'avance une foule d'ennuis... les hommes aiment beaucoup le plaisir, mais les ennuis leur font peur!... Je commençai par avoir beaucoup moins besoin de renseignements pour mon avoué ; mais lorsqu'elle était quinze jours sans me voir, ma jeune marquise... je pourrais dire ma lionne, car elle tournait à la lionne, m'écrivait des lettres brûlantes où son amour devenait menaçant. Elle écrivait fort bien, cette demoiselle ! Ses lettres étaient des modèles de style, de passion, et pas une faute de français!... Tout cela était pur, spirituel, coulant !... à mon avis, cela enfonçait toutes les Sévignés qui ont *mal à l'estomac de leur fille !*... J'ai reçu bien des lettres de femmes !... dans presque toutes il y avait des fautes d'orthographe... mais dans les plus fines, les plus tendres, je n'ai jamais rencontré rien qui approchât des phrases merveeuses de ma jeune marquise... J'ai dans l'idée qu'elle savait le latin !...

— De grâce, monsieur, vous me laissez à l'instant le plus intéressant...

— C'est juste, madame. Le hasard sembla favoriser ma jeune maîtresse. Son père était forcé de s'absenter en Italie, où il devait passer plusieurs mois. Sa fille se dit malade pour ne point accompagner le marquis. Restant seule à Paris, ne recevant plus personne, il lui était facile de cacher sa position. Mais elle voulait toujours me voir, et moi je devenais très-rare, car ma belle amie me disait dans nos tête-à-tête : Vous vous chargerez de votre enfant... c'est vous que ce soin regarde ; vous savez bien qu'il m'est impossible de le garder près de moi. Je ne répondais rien ; mais en moi-même, j'étais résolu à ne pas me charger de l'enfant. Vous froncez le sourcil, madame! ah ! je conviens que ceci n'est pas très-délicat... mais que voulez-vous!... je n'avais pas le sou!... et puis s'il fallait qu'un jeune homme se chargeât de tous les enfants qu'il fait !... où en serions-nous, mon Dieu ! .. Oh ! c'est affreux de notre part ! tant que vous voudrez ! de mettre les demoiselles dans un tel embarras... mais convenez qu'on n'y met que celles qui le veulent bien. Pour ne plus entendre les récriminations, les jérémiades de ma belle, je cessai entièrement d'aller chez elle. Quelques mois se passèrent ; je ne recevais aucune missive de la jeune marquise : je m'attendais ; je me disais : elle a pris son parti. Lorsqu'un soir on m'apporta une lettre dont je reconnus sur-le-champ l'écriture fine et serrée... Mademoiselle de Santaflora m'écrivait :

« Je viens de mettre au monde une fille. Vous êtes un monstre, mais venez sur-le-champ chercher votre enfant et je pourrai encore vous pardonner. Si ce soir vous n'êtes pas venu, demain, avant le jour, on portera votre fille aux Enfants-Trouvés, car vous savez bien qu'il m'est impossible de la garder chez moi. Venez, venez, hâtez-vous! »

— Eh bien, monsieur?...

— Eh bien, madame... je n'allai pas chercher l'enfant...

— Ah ! c'est bien mal, cela !...

— Eh ! mon Dieu ! que voulez-vous ?... Je n'avais pas d'argent... je ne pouvais pas me charger d'une moutarde à qui il fallait donner à téter... ni l'emporter à mon étude et la fourrer dans un carton !..

— Et sa mère exécuta sa menace?

— Vous concevez, madame, que je n'en sais rien... je n'avais pas envie d'aller aux informations... pendant six semaines, je n'osai point passer devant la demeure du marquis. Au bout de ce temps, j'appris, par un de mes camarades, que le vieux marquis était revenu d'Italie, mais qu'il avait quitté son logement et était parti avec sa fille pour aller habiter dans les environs de Paris. C'est à

cette époque que moi-même je quittai l'étude de l'avoué pour me lancer dans la carrière théâtrale ; je courus la province, et depuis ce temps je n'ai plus entendu parler du marquis de Santaflora ni de sa fille. Sont ils encore vivants, habitent-ils en France, voilà ce que j'ignore et tiens fort peu à savoir... Quant à cet enfant, triste fruit de cette intrigue clandestine, sa mère a-t-elle exécuté ce qu'elle m'avait annoncé ?... je vous avoue que j'en doute, car cette noble demoiselle avait de l'argent... des ressources.. elle pouvait donc envoyer son enfant dans une campagne, le confier à des paysans pour qu'ils l'élevassent en secret ..sous un nom d'emprunt... L'a-t-elle fait, voilà ce que j'ignore et ce que probablement je ne saurai jamais !...

— Vous vous trompez, monsieur, dit Jeanneton à voix basse, et je puis à mon tour vous renseigner sur ce sujet.

— Vous, madame! vous!... Je ne puis comprendre...

— Lorsque je vous ai demandé tout à l'heure si vous aviez connu mademoiselle de Santaflora, vous devez bien penser que j'avais un motif ; je tenais à éclaircir mes soupçons. . à connaître toute la vérité relativement aux parents d'une jeune fille dont... une personne de mes amies a pris soin...

— Oh ! quel singulier hasard !...

— Écoutez, monsieur, il y a de cela un peu plus de vingt ans... je puis même vous préciser la date : c'était le 22 juin 1846.

— Le 22 juin !... c'est la veille du jour où la fille du marquis m'ordonnait d'aller chercher l'enfant qu'elle venait de mettre au monde...

— La personne dont je vous parle s'était levée un peu avant le jour... son commerce l'y obligeait... elle allait se rendre à la Halle, lorsqu'elle vit passer près d'elle une femme qui tenait dans ses bras comme un gros paquet et versait des larmes en poussant des sanglots. Mon amie, qui n'aimait pas à entendre pleurer, s'informa à la femme de la cause de son chagrin. Et celle-ci, découvrant son paquet, lui montra une petite fille qui venait de naître, en balbutiant : « On m'a chargée de porter cette pauvre petite aux Enfants-Trouvés... et ça me fait de la peine à moi, quoique je ne lui sois de rien. — Comment ! s'écria mon amie, cet enfant n'a donc plus ni père ni mère ; il n'y a donc personne qui s'intéresse à lui ? » La femme répondit : « Cet enfant doit être le fruit d'une intrigue que l'on veut tenir secrète. Il m'a été remis, avec quelques pièces d'or, par la femme de chambre d'une noble demoiselle. Cette femme de chambre ne se doute pas que je sais chez qui elle sert... elle est au service de la fille du marquis de Santaflora ; je ne prétends pas affirmer par là que cette pauvre petite soit le résultat d'une séduction dont la noble demoiselle aurait été victime... Je ne sais rien de plus, sinon que la suivante m'a dit : Voilà un enfant que l'on ne peut garder... c'est malheureux !... mais il n'a plus de parents, son père et sa mère n'existent plus. Moi, je ne puis pas l'élever ; chargez-vous de le porter à la maison qui prend soin de ces orphelins et cet or est pour vous » Je suis pauvre, j'ai accepté, et je vais porter cet enfant à la Pitié. — Eh bien, non, vous ne l'y porterez pas ! s'écria... mon amie; je suis à mon aise... Donnez-moi cette petite fille, j'en prendrai soin... je lui tiendrai lieu de parents, je lui ferai croire qu'elle est de ma famille... La pauvre femme mit aussitôt l'enfant dans les bras de... mon amie et s'enfuit, enchantée d'avoir fait cette rencontre. Voilà, monsieur Narcisse, comment il se fait que votre fille n'a pas été portée... où sa mère l'envoyait.

Apollon est presque attendri; il regarde madame Tapin d'un air pénétré en murmurant :

— Je comprends, madame, ah ! je comprends tout maintenant... Et cette petite fille dont... dont cette dame si bonne a pris soin... existe-t-elle toujours ?

— Oui, monsieur, elle existe... Si on vous rendait votre fille à présent... en seriez-vous bien content ?...

— Oh ! non, madame, non. Et pour elle-même ce serait un triste cadeau que de lui donner pour père un chanteur des rues !... un pauvre diable qui n'a pas toujours de quoi dîner... Elle doit avoir vingt ans à peu près... et pour qu'elle ait été bien élevée par cette brave dame qui a pris soin d'elle, elle rougirait de son père... Ne trouvez-vous pas qu'il vaut mieux que les choses restent telles qu'elles sont ?

— Vous avez raison, monsieur Narcisse, cela vaut mieux, en effet. Mais, dites-moi, vous n'avez jamais eu de nouvelles de mademoiselle de Santaflora, de son père ? Vous ignorez ce qu'ils sont devenus?

— Totalement, madame. Maintenant, je pourrais peut-être ren-

Dès que le caniche s'apperçoit que son admirateur est tout à sa lecture... — Page 34.

contrer ma belle conquête sans la reconnaître... vingt années apportent tant de changements, surtout lorsqu'on passe de la jeunesse à l'âge mûr !... Quant à moi, je suis bien persuadé qu'elle ne me reconnaîtrait pas.

— Cependant, monsieur, vous voyez que je vous ai reconnu, moi.

— Ah ! c'est que vous, madame, vous ne craignez pas de reconnaître un homme mal mis ! Mais celle dont nous parlons aurait beau me reconnaître... je suis bien sûr qu'elle voudrait se persuader à elle-même qu'elle ne me connaît pas.

Jeanneton a été à son secrétaire; elle y prend un billet de banque qu'elle serre dans un petit agenda, et le présente ensuite à Narcisse, en lui disant :

— Veuillez accepter ceci, monsieur, vous n'êtes pas un étranger pour moi; et si votre fille a presque du superflu, il n'est pas juste que vous manquiez du nécessaire. Lorsque vous vous trouverez gêné, venez me voir et comptez toujours sur moi.

Apollon prend l'agenda et baise respectueusement la main qui le lui donne, en s'écriant :

— Vous êtes un ange, madame, vous réparez les fautes des autres... et vous avez encore pitié des coupables !... Je ne trouve pas de termes pour vous exprimer ma reconnaissance... mais aussi, si je pouvais jamais vous être bon à quelque chose... de jour, de nuit... dans le feu ou dans l'eau... *sum totus vester !*... Ah ! bon... voilà mon latin qui revient sur l'eau !... Je veux dire que je suis tout à vous !... Mais, grâce au ciel! vous êtes heureuse, madame, vous avez de la fortune, vous avez un fils qui doit vous chérir; rien ne peut manquer à votre félicité !...

— Eh! mon Dieu ! monsieur Narcisse, par la journée la plus belle il arrive souvent un nuage qui gâte tout le temps...

— C'est juste madame, mais c'est un orage qui passe...

— Je crains que celui-ci ne soit de longue durée... Mon fils est amoureux...

— Je le plaindrais s'il ne l'était pas...

— Oh ! mais ce n'est pas un de ces amours de passage comme en ont d'habitude les jeunes gens; cette fois, c'est une passion véritable. Alexis voudrait épouser celle qu'il aime...

— Et cette union vous déplaît !

— Bien au contraire !... je serais heureuse si elle avait lieu !... mais les parents de la demoiselle ne veulent pas de mon fils.

— Par exemple ! ils sont donc bien dégoûtés !

— Ils n'en veulent pas parce qu'il est mon fils, et que j'ai vendu des radis et du beurre...

— Alors ce sont des imbéciles ! Ils ignorent donc que les patriarches, que les premiers souverains étaient laboureurs et se faisaient gloire de l'être... D'où croient-ils donc descendre, ces gens qui oublient que *Noé* planta la vigne ! *Saül* conduisait des bœufs ; *David* gardait des brebis.,. il pinçait aussi de la harpe... seulement il n'allait pas en pincer dans les cours, comme moi j'y joue du violon... *Gédéon* battait lui-même son blé, et *Abraham* dit à ses enfants : *Hic serendus ager.* Voilà ce que bien de nos grands seigneurs ignorent, et ce dont au contraire ils devraient se souvenir. Mais je suis persuadé que les amours de monsieur votre fils auront une heureuse fin, avec de la fortune et une si bonne mère, il est impossible que l'on n'atteigne pas son but. Je vais m'éloigner, madame, en vous bénissant de nouveau... Pardon... dois-je, pour me retirer, passer par le salon ?... Me permettez-vous de... de saluer encore mademoiselle votre nièce ? bien que ma vue ne semble pas lui être agréable... je crois qu'elle n'aime pas la musique... Mais si cette demande est indiscrète, excusez-moi, madame, je vais sortir par un autre côté...

— Pas du tout ! je trouve votre demande toute naturelle, au contraire ! répond Jeanneton, en laissant errer un fin sourire sur ses lèvres. Venez, monsieur Narcisse ; nous allons repasser par le salon, où... ma nièce doit être encore, car elle est fort curieuse, et je suis persuadée qu'elle désire savoir combien de temps vous êtes resté avec moi.

Apollon s'incline et suit madame Tapin, qui le fait passer de

Au voleur! à la garde! au voleur!... — Page 28.

nouveau par le salon, d'où, en effet, Léonide n'avait point bougé, se creusant la tête pour deviner ce que sa tante pouvait avoir à dire en particulier à un chanteur des rues. Mais lorsqu'elle les entend revenir, cette demoiselle baisse bien vite les yeux, feignant d'être très-occupée à sa broderie.

En se trouvant devant Léonide, Apollon ne peut se défendre d'une assez vive émotion ; il s'arrête, puis tourne la tête vers Jeanneton, et son regard dit clairement :

— C'est elle, n'est-ce pas ?

A ce regard significatif, Jeanneton répond par un clignement d'yeux affirmatif. Apollon sent bien qu'il ne doit pas rester là ; mais il ne peut résister au désir d'adresser la parole à celle dont il voudrait obtenir au moins un regard, et, s'arrêtant un moment devant elle, il lui fait un profond salut, en disant :

— Mademoiselle, je vous présente mes hommages.

Mais Léonide ne bouge pas, ne lève point la tête et ne souffle pas mot. Le pauvre chanteur est toujours incliné devant elle, espérant qu'elle l'honorera au moins d'un regard. Alors Jeanneton, qui voit tout cela, ne peut maîtriser ce qui se passe en elle, et s'écrie d'une voix forte :

— Eh bien ! mademoiselle, vous ne voyez donc pas que monsieur vous salue ?...

— Qu'est-ce que cela me fait, à moi, que monsieur me salue ! répond Léonide avec impertinence. Est-ce que je connais cet homme-là ?... Je me moque pas mal qu'il me salue ou non !...

— Levez-vous, mademoiselle, levez-vous à l'instant, et rendez à monsieur son salut... Je le veux, entendez-vous, je le veux !

La voix de Jeanneton est devenue si imposante, elle annonce une si vive irritation, que Léonide éprouve presque un sentiment de frayeur ; elle n'ose pas désobéir, et se lève tout en faisant une vilaine grimace. Mais Apollon se hâte de mettre fin à cette scène, en s'écriant :

— Oh ! pardon, pardon... mesdames... c'est moi qui suis dans

mon tort !... Je serais désolé de causer à mademoiselle le moindre désagrément.

Et, se retirant vivement, il a bientôt gagné la cour, où il trouve la concierge, madame Dodin, armée d'un grand balai, et en train de défendre l'entrée de sa loge à Soleil, qui veut absolument y pénétrer. En apercevant le chanteur, elle lui crie :

— Monsieur, de grâce, emmenez votre chien... il veut absolument faire le siége de ma loge depuis qu'il m'a vue y mettre des côtelettes sur le gril... J'ai une peine infinie à l'empêcher de se faufiler chez moi.

— Soyez tranquille, madame, je l'emmène sur-le-champ... Allons, monsieur Soleil ! trottez devant moi... et n'essayez pas de me jouer quelque tour... ou je vous corrige sévèrement.

Une fois dans la rue, Apollon ne résiste pas au désir de savoir ce que renferme l'agenda que madame Tapin lui a donné. Il l'ouvre et trouve dedans un billet de banque de cinq cents francs. Il a peine à contenir sa joie, et, dans son ravissement, donne un coup de pied à Soleil, en lui disant :

— Misérable filou... et vous vouliez voler les côtelettes à la concierge d'une femme qui protége, qui enrichit votre maître !... et qui a pris soin... d'un enfant... que sa mère avait parfaitement abandonné !... et que son père n'aurait jamais su élever ni nourrir !... Elle est bien, cette demoiselle... c'est une belle fille !... mais elle n'a pas l'air aimable tous les jours. Certainement il vaut mieux qu'elle reste où elle est que de venir avec moi... Je ne crois pas qu'elle voudrait y demeurer longtemps, avec moi !... Allons, tout est pour le mieux ! ne songeons plus qu'à nous réjouir. Cinq cents francs !... en ma possession !... Je ne crois pas, à aucune époque de ma vie, avoir eu pareille somme à ma disposition... O respectable Fantaisie ! quel pot-au-feu vous allez avoir !... Je mettrais un bœuf entier dans votre marmite, s'il pouvait y entrer !...

XII

UNE IDÉE DE JEUNE FILLE.

Pendant quelques minutes, après que Narcisse Loiseau avait quitté le salon, le silence y avait régné. Jeanneton ne paraissait point disposée à le rompre ; assise dans un fauteuil, elle semblait plongée dans ses réflexions ; mais Léonide, encore stupéfaite de l'affront qu'elle trouvait qu'on lui avait fait subir, ne maîtrisait qu'avec peine son dépit, sa colère ; enfin, n'y tenant plus, elle s'écrie :

— En vérité, ma tante, je ne comprends rien à tout ce qui se passe... et votre manière d'agir avec moi me semble si singulière, si extraordinaire, que je ne puis la supporter plus longtemps, et que je veux au moins en avoir l'explication... J'ai vingt ans bien passés, je ne suis plus un enfant, et je ne suis pas disposée à me laisser traiter comme une petite fille qui joue encore à la poupée. Tout à l'heure je vous annonce qu'un jeune homme très bien désire m'épouser, mais qu'il voudrait savoir quelle dot vous comptez donner à votre nièce ; c'était une chose toute simple, toute naturelle ! au lieu de me répondre, vous m'accablez d'injures... vous me menacez de ne rien me donner du tout... à moi ! votre nièce ! Pareille chose ne s'est jamais vue, et j'ai le droit de vous en demander l'explication.

Jeanneton, qui a froncé le sourcil en écoutant Léonide, lui répond d'une voix sévère :

— Vous voulez une explication de ma conduite avec vous... Ah ! prenez garde que je ne vous la donne !... Vous changeriez alors de langage.

— Tout cela ce sont des mots ! des phrases qui ne signifient rien. Moi, je suis pour le positif. Qu'est-ce que c'est, par exemple, que cette pénitence que vous m'avez imposée tout à l'heure, en m'obligeant de saluer un vagabond, un chanteur des rues... un homme qui n'aurait jamais dû mettre les pieds dans ce salon ?... Que vous en fassiez votre société... si cela vous convient, à vous, soit !... chacun à ses goûts ! Mais je vous assure que je n'en ferai pas la mienne !...

— Mademoiselle, ne dites pas de mal de cet homme... Parce qu'il est malheureux, parce qu'il est obligé, pour vivre, de se faire entendre dans les cours, de chanter dans la rue, est-ce une raison pour le traiter avec tant de mépris ?... Celui-ci n'a pas toujours été dans une situation si précaire... Vous auriez pu vous en apercevoir à sa manière de s'exprimer, qui n'est pas celle d'un homme sans éducation !

— Ah ! c'est un prince déguisé !... Ces gens-là ont toujours des histoires toutes prêtes pour vous attraper quand on est assez godiche pour les croire !...

— Celui-ci n'a point cherché à m'attraper, mademoiselle, il ne me connaît aucune histoire ; c'est moi qui l'ai reconnu, qui me suis rappelé l'avoir vu il y a vingt ans, alors qu'il était clerc chez un avoué...

— Ah ! ah ! la bonne plaisanterie !... Ce monsieur a été chez l'avoué !... il a été notaire, peut-être !... Allez, pendant que vous y êtes, faites-en un banquier ruiné par des faillites... Ah ! ah ! ah !... vous avez beau dire, ma tante, cet homme ne sera jamais pour moi qu'un mauvais chanteur des rues...

— Taisez-vous, Léonide, taisez-vous !... Je vous défends d'insulter cet homme !

— Non, je ne me tairai pas !... car je trouve indigne de m'avoir forcée, moi, à me lever devant ce misérable !...

— Ce misérable est votre père, mademoiselle !

Ces mots ont foudroyé Léonide. Elle demeure comme pétrifiée ; elle regarde Jeanneton ; elle cherche à lire dans ses yeux si c'est bien la vérité qu'elle vient de lui dire, si elle a bien entendu... Mais les regards terribles qu'elle rencontre lui annoncent qu'elle ne s'est pas trompée ; elle ne peut que balbutier :

— Mon père... cet homme... Ah ! c'est pour me faire endéver que vous me dites cela...

— Non, mademoiselle, je n'ai pas cherché, moi, à faire du chagrin à personne ; si je vous apprends cela aujourd'hui, c'est que vous m'y avez forcée, c'est que je ne pouvais pas vous laisser plus longtemps insulter celui à qui vous devez le jour.

— Mais alors... si... cet homme est en effet mon père... il est donc votre frère... ou il avait donc épousé votre sœur ?...

— Non, rien de tout cela... Il faut bien que, maintenant, vous sachiez la vérité : Vous n'êtes pas ma nièce, mademoiselle, vous n'êtes nullement de ma famille. Vous êtes un enfant de l'amour, le résultat d'une de ces séductions... de ces fautes qui ont toujours des suites fatales ! Votre mère était une demoiselle de grande famille...

— Elle se nommait ?

— J'ignore son nom, et je le saurais, que je ne jugerais pas utile de vous le dire. Elle vous a abandonnée... Votre père, lui, avait déjà cessé d'aimer celle qu'il avait séduite... Car c'est assez l'usage de ces messieurs ! Ils disparaissent après avoir mis une pauvre fille dans l'embarras !... Enfin, on allait vous porter avec tous les enfants... abandonnés par leurs parents, lorsque je vous ai trouvée sur mon chemin... Je n'avais qu'un fils et je gagnais de l'argent ; j'ai eu pitié de vous. Je vous ai prise avec moi, je vous ai fait passer pour ma nièce. Personne ne s'est inquiété si c'était moi ou non la vérité, et aujourd'hui encore j'aurais continué à vous nommer ainsi, si, lorsque je venais de connaître votre père, les injures dont vous l'accabliez ne m'avaient arraché ce secret.

Léonide est devenue d'une pâleur extrême ; son arrogance l'a tout à fait abandonnée ; elle baisse ses regards vers la terre en murmurant :

— S'il en est ainsi... pardon, madame ; du moment que je ne suis pas votre nièce, je conçois que vous ne fassiez rien pour moi !...

— Vous me jugez toujours mal, mademoiselle ; j'avoue que je n'ai pas été très-bien récompensée de ce que j'ai fait pour vous ! Au lieu d'être bonne, douce, indulgente pour les défauts d'autrui, je vous ai toujours vue repousser les malheureux, exagérer les défauts des autres, et, en général, vous moquer... même des personnes que vous appeliez vos amies. Votre conduite, lorsque vous saviez que mon fils devait se battre en duel, m'a prouvé le peu d'affection que vous aviez pour moi et pour lui !...

— Madame...

— Mais tout cela ne m'empêchera point de me rappeler que je vous ai élevée comme ma nièce... Et soyez tranquille, je ne vous abandonnerai pas.

Après avoir dit cela, madame Tapin quitte le salon et rentre dans son appartement.

Dès qu'elle est seule, Léonide se rend dans sa chambre, en se disant :

« Ah ! c'est comme cela ! Ah ! je ne suis pas sa nièce !... et l'on croit que je vais rester ici pour y attendre la visite de ce monsieur que l'on prétend être mon père, et avec qui on m'enverra peut-être chanter dans les cours !... Oh ! non, merci, cette perspective ne me séduit pas du tout. Je veux être la femme d'Alfred... Mon Dieu, mais en apprenant que je ne suis pas la nièce de madame Tapin, si cela allait changer ses intentions ! Cependant, puisqu'il m'adore... C'est égal, je ferai bien de ne pas lui apprendre ce secret. Je me garderai bien de lui dire qu'on me donne pour père un chanteur des rues !... Quelle horreur !... Écrivons-lui bien vite... je sais son adresse... et donnons-lui un rendez-vous pour ce soir... Oh ! j'ai mon idée. Je me ferai enlever ! et une fois enlevée, il faudra bien que ce jeune homme m'épouse. »

Léonide écrit vivement quelques lignes, dans lesquelles elle annonce au beau Guilloché que sa tante doit aller le soir au spectacle ; qu'elle prétextera une indisposition pour ne point l'accompagner, et qu'il faut qu'il profite de cette circonstance pour venir lui parler en secret, ce qui est indispensable, parce qu'elle a des choses importantes à lui communiquer. Puis elle envoie madame Dodin, la concierge, mettre sa lettre à la poste.

Tout se passe comme la jeune fille l'espérait : à huit heures, madame Tapin est sortie en voiture avec son fils, et à neuf heures, le sémillant Alfred Guilloché se présente dans le salon, où il trouve Léonide seule.

— Vous m'avez écrit, me voilà, j'accours ! dit le jeune gandin en allant prendre et presser la main de Léonide, qui lui fait un gracieux sourire en lui montrant une chaise à côté d'elle.

— C'est très-bien ; je vous attendais...

— Vous avez des choses importantes à me dire ?

— Oui... Oh ! oui... Mais asseyez-vous donc là... près de moi...

— C'est que je cherche une place pour mon chapeau...

— Ah ! mon Dieu ! mettez-le à terre, et que cela finisse !...

— Oh! non, je ne veux pas le mettre à terre, il est tout neuf... tout frais... et il me va très-bien...

— Il s'agit bien de votre chapeau... Avez-vous fini?...

— Oui... Je le mets sur le divan...

— C'est bien heureux! Monsieur Alfred, vous désirez m'épouser, n'est-ce pas?

— Sans doute, mademoiselle, c'est mon plus cher désir!... Et avez-vous demandé à madame votre tante... ses intentions à votre égard...

— Oui, monsieur. Elle a des intentions superbes... elle veut me donner une dot magnifique... colossale!... et puis un écrin, des diamants...

— Tant mieux! oh! tant mieux!... La fortune, voyez-vous, ça fait toujours du bien... ça pose dans le monde; et puis je serai bien aise que ma femme ait des diamants; ça rejaillit sur le mari... Alors dès demain je viendrai faire ma demande...

— Non, non, c'est inutile! Ma tante ne veut pas que je sois votre femme; elle prétend me faire épouser un négociant en cachemires, très-riche, à ce qu'il paraît, et qu'elle aime beaucoup!

— Ah! mon Dieu!... qu'elle tuile!... quel coup de massue!... Vous ne lui avez donc pas dit que nous nous adorions comme des tourtereaux?

— Pardonnez-moi, je lui ai dit cela; mais les tantes! ça ne croit plus à l'amour... La mienne m'a dit : Tu oublieras ton Alfred, et tu finiras, à la longue, par t'habituer à ton mari.

— Mais c'est indigne! c'est révoltant... Alors je vous perds... c'est fini... vous êtes perdue pour moi .. et vous m'alliez si bien!...

— Dame!... il faudrait trouver un moyen pour contrecarrer les projets de ma tante...

— Un moyen... Je n'en vois pas !...

— Eh bien! moi, j'en vois un.

— Ah! Quel est-il?... Dites vite...

— Il est bien simple : enlevez-moi, emmenez-moi en Italie... en Angleterre... où vous voudrez! Nous nous y marierons, puis nous écrirons à ma tante que c'est fait, et alors il faudra bien qu'elle nous pardonne, et elle pardonnera, parce que enfin...

— Oui, parce qu'enfin vous êtes sa nièce... Oh! c'est charmant... c'est délicieux... Comme les femmes ont de l'esprit... pour faire leur volonté!... Je n'aurais jamais trouvé cela! Et cependant ça va tout seul. C'est décidé, je vous enlève... quand?

— Mon bien, je vous dirais tout de suite, si j'étais prête; mais vous comprenez que je veux emporter ma garde-robe, ou du moins tout ce qui vaut la peine d'être pris, et, Dieu merci, j'ai de très-belles toilettes.

— Il faut les emporter; vous avez raison... Quand on a de belles robes, cela évite la peine d'en acheter.

— J'ai aussi d'assez beaux bijoux...

— Il faut tout emporter !...

— Soyez tranquille, c'est bien mon intention. Demain je ferai un paquet de tout cela, je l'enverrai chez vous par un commissionnaire. Je dirai que ce sont de vieux vêtements que je donne à de pauvres gens... Ma tante n'y verra que du feu...

— Oh! comme vous êtes maligne...

— Vous ferez porter tout cela au chemin de fer...

— Naturellement, avec mes bagages, à moi, car vous concevez que je ne vais pas me mettre en voyage avec un seul paletot... et encore c'est un je ne m'en ferai plus faire.

— Ah! oui, ça plus court qu'une veste... Ce n'est pas joli. Je ne vous conseille pas de voyager avec ça!

— Mademoiselle, c'était la mode. Il faut aussi que je réalise des fonds... car enfin, pour courir le monde, il faut des fonds.

— Oh! oui, emportez beaucoup d'argent!

— Que j'en emporte beaucoup... dame... j'en emporterai le plus que je pourrai...

— Nous irons tout de suite en Angleterre, n'est-ce pas?

— En Angleterre?... il y fait bien cher vivre... Nous irons d'abord à Boulogne, c'est le chemin... et puis de là, nous verrons; vous écrirez à votre tante, et si elle veut tout de suite nous pardonner, nous reviendrons, sans avoir besoin de passer la Manche.

Léonide fait un léger mouvement d'épaule, que son amoureux prend pour une adhésion à ce qu'il dit; il reprend :

— Mais pour vous emmener sans que cela se voie... comment ferons-nous?

— Ce n'est pas bien difficile : demain, sur les deux heures, j'irai chez vous... Ma tante sort toujours dans la journée pour aller faire sa tournée chez un tas de paresseux, de pleurards, auxquels elle donne de l'argent. Je choisirai ce moment.

— Et vous oseriez venir chez moi... toute seule?

— Oh! je ne suis pas peureuse. Vous aurez soin de retenir une voiture fermée, nous nous ferons conduire à la gare du chemin de fer, et en route!

— Et en route! c'est cela... Vous seriez digne de faire manœuvrer un régiment.

— Ainsi c'est bien entendu, bien convenu, n'est-ce pas? Demain, à deux heures, vous m'attendrez chez vous avec une voiture?

— Oui... c'est entendu!... Il n'y a plus qu'une chose qui me chiffonne...

— Laquelle?

— Je me demande si je dois emporter mon chapeau neuf, ou prendre le vieux...

— Emportez-les tous les deux, et soyez prêt!

— Tiens! c'est juste... c'est une idée... Vous en êtes pétrie!...

— Et maintenant, monsieur Alfred, allez-vous-en. Un plus long tête-à-tête avec moi pourrait paraître drôle. D'ailleurs, je vais commencer à faire mes paquets.

— Très-bien. Je pars... A demain, adorée Léonide... à deux heures...

— Oui, à demain... Emportez beaucoup d'argent!...

« Décidément, il est bête comme une oie! se dit la jeune fille quand le jeune homme est parti. Mais je m'en moque! Le principal est qu'il m'enlève et m'épouse... Au moins cela me fera une position; et puisque je n'en ai plus ici, il faut bien que je m'en fasse une. Demain matin j'écrirai un petit mot à mon ex-tante; en m'en allant, je le remettrai à la concierge, en lui ordonnant de ne le donner à madame Tapin qu'à six heures... Alors nous serons déjà loin. D'ailleurs, j'ai bien dans l'idée que cette dame ne fera pas courir après moi. »

Le lendemain de cette journée, après le déjeuner, pendant lequel Léonide avait affecté de paraître très-triste, et poussé de profonds soupirs, madame Tapin était sortie pour aller, suivant son habitude, visiter de pauvres honteux, chez lesquels elle portait des secours et des consolations. A son retour, elle ne trouve pas Léonide au salon, et, se rappelant que le matin elle lui a paru fort chagrine, elle présume que la connaissance de sa position lui cause beaucoup de peine; oubliant déjà le ton malhonnête avec lequel cette demoiselle lui a répondu, Jeanneton veut la consoler en la rassurant sur son avenir. Elle dit à sa domestique de prier Léonide de passer chez elle.

La suivante revient, au bout d'un moment, annoncer que mademoiselle Léonide est sortie dans le milieu de la journée, et n'est pas encore rentrée.

« Elle sera allée faire quelque emplette, se voir une de ses amies, se dit Jeanneton, ou se promener pour se distraire. Je lui ai toujours laissé une entière liberté, car, selon moi, le meilleur moyen, pour empêcher les personnes de faire des sottises, c'est de les laisser maîtresses de faire leur volonté; ce qui est défendu ayant toujours bien plus d'attrait pour nous que ce qui nous est permis. »

Mais lorsque vient l'heure du dîner, Léonide n'est pas rentrée, et Jeanneton, qui depuis longtemps a appris à son fils que cette jeune fille n'est pas sa nièce, lui raconte alors ce qui s'est passé la veille, et comment elle a trouvé le père de Léonide. Les aventures de Narcisse Loiseau intéressent beaucoup Alexis, qui regrette de n'avoir pas vu le chanteur, et s'écrie :

— Léonide est peut-être allée retrouver son père pour tâcher d'obtenir de nouveaux détails sur sa naissance, et surtout pour qu'il lui dise le nom de sa mère!

— Oh! je ne crois pas, dit Jeanneton; d'ailleurs, elle ignore son adresse; moi-même j'ai oublié de la lui demander.

— Je le regrette; j'aurais voulu connaître ce singulier personnage!

— Oh! sois tranquille, mon ami, il reviendra me voir, je n'en doute pas, et alors je lui demanderai où il demeure. Mais l'heure se passe... Alexis, appelle donc la concierge... Léonide lui a peut-être dit quelque chose en partant.

On appelle madame Dodin, qui arrive en faisant force révérences.

— Madame Dodin, à quelle heure ma nièce est-elle sortie?

— Madame, ça pouvait être sur le coup de deux heures et un quart avec... mais pas plus.

— Etait-elle en toilette?

— Mademoiselle Léonide était bien joliment mise... du reste, comme à son ordinaire.

— Est-ce qu'elle ne vous a rien dit, en sortant ?

— Non, madame... Ah ! c'est-à-dire si... en me remettant une lettre, elle m'a parlé...

— Elle vous a remis une lettre ?... Et pour qui ?

— Pour vous, madame.

— Et pourquoi donc ne me la donnez-vous pas, alors ?

— Ah ! madame, pardon, mais il n'est pas encore six heures, et mademoiselle votre nièce m'a bien recommandé de ne vous la remettre que quand six heures auraient sonné !...

— Et moi je vous ordonne de me donner cette lettre tout de suite... Vous m'entendez ?...

— Si madame le veut... Cependant ma consigne était pour six heures...

— Je vous en relève... Apportez-moi cette lettre...

— Oh ! je vas la donner tout de suite à madame... Je l'avais fourrée dans mon sein, de peur de l'oublier.

Madame Dolin donne la lettre, puis s'en va. Jeanneton s'empresse de l'ouvrir, et lit à son fils le billet suivant :

Madame,

Vous m'avez appris hier que je ne suis pas votre nièce. J'aurais dû le deviner au peu d'affection que vous me témoignez depuis quelque temps. Vous m'avez donné un père dont je ne veux pas. Merci du cadeau, madame. Offrez-le à une autre. Ce n'est pas à une personne bien élevée que l'on dit : Vous êtes la fille d'un chanteur des rues... Comme vous recevez ce monsieur, avec qui je ne veux plus me trouver, je vous quitte ; un jeune homme m'adore et veut m'épouser, je pars avec lui. Je préfère cette position à celle que pourrait m'offrir mon soi-disant père. Adieu, madame, je ne vous remercie pas de ce que vous avez fait pour moi ; il ne fallait point me laisser passer pour votre nièce, ou il fallait toujours me conserver ce titre.

LÉONIDE.

— Que penses-tu de cette lettre, Alexis ? dit Jeanneton en rejetant le papier loin d'elle.

— Je pense, ma mère, qu'il est bien de Léonide, dont le cœur fut toujours fermé à la reconnaissance... Il y a des gens qui vous dégoûteraient de faire du bien.

— Elle s'est fait enlever par ce jeune Alfred Guilloché !...

— Oui, mais je parierais qu'il ne l'épousera pas, car Alfred est fort intéressé... et malgré sa bêtise... ne songe qu'à l'argent... S'il a enlevé Léonide, c'est qu'il la croit encore votre nièce, sans cela, je suis persuadé qu'il n'en aurait plus voulu !

— Tu dois avoir raison, et c'est de peur qu'il n'apprenne ce secret qu'elle s'est hâtée de se faire enlever... Oh ! c'est une fine mouche ! Mais que dirai-je à son père... à ce pauvre Narcisse, quand il reviendra et me questionnera au sujet de sa fille ?

— Mon Dieu, ma mère, vous montrerez cette lettre de Léonide... voilà tout... D'ailleurs, entre nous, est-ce que vous croyez qu'il regrettera beaucoup sa fille ?...

— Non !... Et s'il y a entre eux quelque ressemblance, c'est par le peu d'affection qu'ils ont l'un pour l'autre ! Après cela, qu'on vienne donc nous parler de la voix du sang !... Je ne crois qu'à la voix du cœur.

XIII

DEUX INTÉRIEURS.

La disparition de Léonide avait jeté un peu de tristesse dans le cœur de Jeanneton, non pas qu'elle eût beaucoup d'affection pour cette jeune fille, mais le cœur est toujours froissé par l'ingratitude ; on se demande pourquoi on est souvent si mal récompensé du bien que l'on a fait ; on ne regrette pas les ingrats, on regrette des illusions perdues, des projets avortés. On se promet pour l'avenir de mieux étudier son monde, de ne plus céder si facilement au penchant de son cœur, de ne plus être touché par le récit de malheurs qui ne sont pas toujours vrais ; on se promet

tout cela, et à la première occasion on recommence, parce que la bonté est dans le sang, comme le courage et la poltronnerie, et qu'on ne se refait pas.

Pour distraire sa mère, Alexis restait plus souvent avec elle. Mais Alexis n'était plus, lui-même, d'une société bien gaie ; il avait perdu sa bonne humeur d'autrefois ; vainement il cherchait à cacher à sa mère le mal qui le minait ; parfois, au milieu d'une conversation indifférente, un profond soupir lui échappait, et il cessait de répondre ou d'écouter.

Un matin, que son fils était encore plus rêveur, plus distrait, sa mère s'écrie :

— Eh bien ! mon ami, ça te tient donc toujours... ça ne se passe donc pas ?

— Quoi, ma mère ?

— Quoi ! Eh mon Dieu ! ton amour pour cette jeune Amélina !...

— Oh ! non, ma mère, cela ne se passera jamais !... Depuis que je ne la vois plus... que je ne la rencontre plus dans le monde... cela me désespère !... Je n'ai pas un instant de bonheur !

— Il faut cependant mettre ordre à cela... Je ne veux pas te laisser devenir sec comme une allumette... Il faut en finir... Veux-tu que j'aille chez les Grandvallon leur demander pour toi la main de leur fille ?...

— Pour toute réponse, Alexis saute au cou de sa mère, l'embrasse à plusieurs reprises en s'écriant :

— Ah ! si vous faisiez cela, ma mère, je vous devrais trois fois la vie !...

— Trois ! c'est beaucoup ! Une, c'est assez, va !... Eh bien ! mon garçon, je le ferai... et pas plus tard qu'aujourd'hui. Puisque tu le désirais, pourquoi ne me l'as-tu pas dit plus tôt ?

— Ah ! parce que... Tenez, ma bonne mère, je suis franc : Je le désire... et cependant je crains que vous ne fassiez une démarche inutile... Je crains que vous n'éprouviez un refus... mortifiant !...

— Eh bien ! après tout, je n'en mourrai pas... Si on me refuse, on me dira pourquoi, j'espère ?...

— C'est justement cela qui sera peut-être blessant pour vous...

— Sois tranquille, je ne me laisse pas blesser si facilement !... Et puis j'aurai de quoi parer les coups qu'on voudrait me porter...

— Que voulez-vous dire ?

— Rien ! Ceci est mon affaire, ça ne regarde que moi. Mais autre chose, d'abord, et qui me semble être le principal : Tu adores cette demoiselle, mais en es-tu aimé ? Car enfin, si tu l'aimais tout seul, sais-tu bien que tu ne serais pas longtemps heureux avec elle, et que ce ne serait pas la peine d'en faire ta femme ?

— Oh ! rassurez-vous, ma mère, Amélina m'aime, je n'en saurais douter !...

— Tu n'en saurais douter !... Tu lui as donc déclaré ton amour, toi ?

— Assurément !

— Où donc cela ? Tu ne vas pas chez elle... Je ne pense pas qu'on la laisse sortir seule ?

— Oh ! non, jamais... elle ne sort qu'avec sa mère... Celle-ci ne lui laisse aucune liberté et veille sans cesse sur elle.

— Eh bien, alors, où lui as-tu parlé d'amour ?

— Au bal, ma mère, la seconde fois que je me suis trouvé en soirée avec elle ; la première, j'avais dansé avec elle, je n'avais osé que lui presser la main et la regarder... comme on regarde celle qui prend notre cœur. La seconde fois, n'y tenant plus, je n'ai pas craint de lui dire que je ne vivais que pour elle... Alors elle a rougi, sa main a légèrement serré la mienne... N'était-ce pas aussi un aveu, cela ?

— Dame ! ça y ressemble beaucoup. Menez donc vos filles au bal... Voilà ce qu'on leur conte en faisant la poule !

— Alors je demandai à Amélina son adresse... en m'informant si, de temps à autre, elle ne prenait pas l'air à sa fenêtre. Mais sa mère, madame de Grandvallon, ne veut pas qu'elle se mette jamais à sa croisée ; elle prétend que c'est mauvais ton. Cependant, quelquefois elle permet à sa fille de travailler à sa tapisserie contre une fenêtre d'un petit salon qui a vue sur la place La Fayette... Et Amélina relève le rideau pour avoir plus de jour... Oh ! alors, ma mère, vous pensez bien que j'ai passé souvent sur cette place... J'ai trouvé la fenêtre, j'ai aperçu Amélina derrière les carreaux, j'ai bien vu qu'elle m'apercevait, car elle m'a fait un léger signe de tête. Plusieurs fois j'ai eu joui de ce bonheur.

— Veillez donc avec soin sur vos filles !... la plus sage, la plus innocente trouve encore moyen d'entretenir des relations avec un amoureux... O les femmes !... Nous descendons bien toutes de la même côte !

— Mais depuis une quinzaine de jours je n'aperçois plus Amélina, elle ne travaille plus contre cette chère croisée... elle ne se montre plus derrière les carreaux. Hier, j'ai attendu en vain pendant une heure sur la place, les yeux fixés sur cette fenêtre, contre laquelle elle s'asseyait !... et rien !... personne !... Elle n'y a pas même paru un instant !...

— Hier ? Tu as attendu une heure dans la rue... et hier il a plu à verse toute la journée... Cela n'a pas cessé un moment...

— Eh ! qu'importe, ma mère, est-ce qu'on sent la pluie quand l'amour nous consume ?...

— Tu ne la sens pas, c'est possible, mais moi je dois la sentir pour toi. Je ne veux pas que mon fils, mon unique espoir, attrape une fluxion de poitrine en faisant des factions d'une heure dans la rue !... Non, je ne le veux pas, et c'est pour cela qu'il faut en finir... savoir à quoi s'en tenir. Aujourd'hui même je vais chez les Grandvallon ; s'ils consentent, à bientôt la noce ; s'ils refusent, je t'emmène loin de Paris, je te fais parcourir l'Italie, l'Allemagne, l'Espagne... je te fais voyager jusqu'à ce que tu aies trouvé une femme assez jolie, assez séduisante pour te faire oublier celle que tu aimes ; et nous y parviendrons, parce que enfin il y a de jolis minois partout. A tantôt. Je vais me faire belle ; je vais mettre tous mes diamants... puisqu'il faut éblouir ces gens-là !... eh bien ! on les éblouira.

La famille de Grandvallon était réunie dans un petit salon, où elle se tenait quand on n'était qu'en petit comité. Monsieur lisait un journal, madame tenait un livre, mais elle ne le lisait pas, et semblait plongée dans ses pensées ; enfin la jeune Amélina faisait de la tapisserie, tout en jetant des regards furtifs et mélancoliques sur les fenêtres, près desquelles on ne la laissait plus s'asseoir, car Herminie avait aperçu ce jeune homme qui rôdait si souvent autour de leur demeure, qui s'arrêtait pour regarder les croisées ; elle avait fort bien reconnu le fils de madame Tapin, et, en femme qui a de l'expérience en fait d'intrigues amoureuses, n'avait pas douté un instant que ce monsieur ne vînt si souvent sur la place La Fayette dans l'espoir d'apercevoir sa fille près d'une croisée ; c'est pourquoi elle ne permettait plus à celle-ci de s'en approcher.

C'est la superbe Herminie qui rompt ce silence assez fréquent, en disant à son mari :

— Monsieur, avez-vous envoyé savoir des nouvelles de la santé de M. de Rozey ? commence-t-il à marcher ? et ce malheureux coup d'épée est-il guéri, enfin ?

M. de Grandvallon répond d'un air assez indifférent, et sans cesser de regarder son journal :

— Oui... oui... Germain est allé s'informer... M. de Rozey va mieux... Les rentes italiennes ont encore monté...

— Il va mieux... Il sortira bientôt, alors ?...

— Je ne sais pas... Ah ! c'est-à-dire... si... Dès qu'il sera assez fort il partira pour Nice, où il restera six mois...

— Six mois ! à Nice... c'est désolant ! En êtes-vous sûr ?

— Les fonds sont abondants...

— Mon Dieu, monsieur, vous semblez prendre bien peu d'intérêt à un jeune homme... qui, vous le savez bien, désirait devenir notre gendre...

— Il n'est pas le seul, madame, qui désire être le mari d'Amélina...

— C'est possible, monsieur, mais il était le seul qui me convînt, à moi... et vous ne devez pas oublier qu'en consentant à devenir votre femme, je mis pour condition que si nous avions une fille, j'aurais seule le soin de veiller sur elle, et qu'elle n'épouserait qu'un mari de mon choix... Si nous avions des garçons, c'était vous, en revanche, qui deviez vous occuper de leur avenir. Vous rappelez-vous tout cela, monsieur ?

— Parfaitement, madame, et je ne vois pas à quel propos vous revenez là-dessus aujourd'hui ?

— C'est que je viens avec peine le peu d'intérêt que vous portez à M. de Rozey ; ce jeune homme réunissait tout ce que je pouvais désirer dans le mari de ma fille : de la naissance... de la fortune... de l'esprit... un ton parfait...

— De la naissance, très-bien ; de la fortune... tout au plus vingt mille francs de rente...

— Eh bien, monsieur, est-ce que ce n'est pas suffisant, avec ce que vous comptez donner à votre fille ?...

M. de Grandvallon fait une légère grimace et répond :

— Quant à l'esprit, celui de M. de Rozey consiste principalement à se moquer du monde, à tourner en ridicule... même ses amis, à tout sacrifier au désir de faire un mot !... Cet esprit-là n'est pas bien solide, madame, c'est un feu d'artifices qui brille et ne chauffe pas !

— Eh ! monsieur, c'est le seul qui réussisse aujourd'hui. Et il faut qu'un malheureux duel soit venu déranger tous mes projets .. Conçoit-on l'audace de ce petit M. Tapin !... qui va provoquer M. de Rozey !...

— Cela se conçoit très-bien, madame, puisque M. de Rozey... toujours en faisant de l'esprit, avait insulté la mère de ce jeune homme.

La jolie Amélina ne peut, en ce moment, s'empêcher d'adresser à son père un sourire, qui semble le remercier des paroles qu'il vient de prononcer, tandis que la noble Herminie répond avec aigreur :

— Insulté !... Non, monsieur, il avait plaisanté sur un cuir commis par cette dame... Quand on ne sait pas parler français, on ne va pas dans le monde !...

— Eh ! mon Dieu, madame, il serait à souhaiter que l'on n'eût point de fautes plus graves à reprocher à toutes les dames que l'on y rencontre.

Madame fronce ses noirs sourcils et ne répond rien. Le silence se fait de nouveau. Il est interrompu au bout de quelque temps par un domestique qui vient annoncer une dame qui désire parler à M. et à madame de Grandvallon.

— Le nom de cette dame ? s'écrie Herminie.

— Madame Tapin.

Toute la famille laisse voir un profond étonnement. La jeune Amélina éprouve surtout une émotion si vive, que sa tapisserie s'échappe de ses mains.

— Madame Tapin ! répète M. de Grandvallon en regardant sa femme.

Mais celle-ci s'écrie :

— Il est inutile de recevoir cette dame... Que peut-elle nous vouloir ?... Son fils a-t-il encore un duel qu'elle pense que nous pouvons empêcher ?... Cela deviendrait insupportable !... Dites qu'on est indisposé... que nous ne recevons pas !...

— Un instant ! dit M. de Grandvallon en retenant d'un signe le domestique. Nous ignorons ce que cette dame peut avoir à nous communiquer... et je ne vois pas pour quel motif nous refuserions de la recevoir...

— En ce cas, monsieur, vous la recevrez seul. Quant à moi, qui désire n'entretenir aucune relation avec madame Tapin, je me retire et j'emmène ma fille. Venez, Amélina, suivez-moi.

La jeune fille suit sa mère en poussant un gros soupir, et en passant près de son père, lui adresse un aimable sourire.

XIV

ORGUEIL ET GÉNÉROSITÉ.

— Faites entrer cette dame, dit M. de Grandvallon lorsque sa femme est partie. Et bientôt madame Tapin est introduite. Une légère expression de dépit paraît sur son visage lorsqu'elle voit que la fière Herminie n'est pas là ; mais elle se remet bien vite et accepte le fauteuil que le maître du logis s'empresse de lui avancer, en lui disant :

— Veuillez prendre la peine de vous asseoir, madame, et me dire ce qui me procure l'avantage de vous recevoir.

Jeanneton réfléchit un moment, puis, au lieu de chercher des détours, s'écrie :

— Monsieur, je vais aller tout droit à mon but, car je ne suis pas une belle parleuse, et je dirais des bêtises si je voulais faire des phrases. Je croyais trouver madame votre épouse avec vous... Mais après tout, il vaut peut-être mieux que je vous parle d'abord à vous seul. De cette façon, je saurai votre façon de penser à chacun. Monsieur, je suis veuve, et j'ai cent mille francs de revenus bien clairs, bien nets, qui ne doivent rien à personne !...

— Madame je n'ai jamais mis cela en doute ; mais pourquoi...

— Pardon, si vous m'interrompez, ça m'embrouillera, je ne saurai plus m'y retrouver... Laissez-moi finir : J'ai donc cent mille francs de rente, et un fils, rien qu'un fils, qui sera mon unique héritier, mais que je veux faire riche sans qu'il ait besoin pour cela d'attendre ma mort... Et je suis bien sûre qu'il ne la desirerait pas, ce cher enfant ! Raison de plus. En mariant Alexis, mon fils, je lui donne sur-le-champ un million, la moitié de ma fortune. Et quand un jeune homme a déjà un million à lui, il n'a plus besoin de chercher une dot dans une épouse, il ne cherche que la vertu, l'innocence... dans la personne qui l'a charmé. C'est pourquoi, monsieur, je viens aujourd'hui vous demander la main de mademoiselle votre fille pour mon fils, qui l'adore, qui en est fou et ne vous demande qu'elle, rien qu'elle !... sans aucune dot ! se trouvant bien assez riche par lui-même pour faire son bonheur, et se regardant comme votre obligé si vous consentez à ce qu'il entre dans votre famille. J'ai fini, et à présent j'attends votre réponse, qui doit faire la félicité ou le désespoir de mon fils.

M. de Grandvallon a écouté Jeanneton avec beaucoup d'attention, et, malgré lui, lorsqu'elle a prononcé : *sans aucune dot*, une expression qui n'avait rien de désagréable s'est laissée voir sur son visage, d'ordinaire assez impassible. Mais la mère d'Alexis s'était fait renseigner, elle savait que ce monsieur aimait beaucoup l'argent, et que, sans être positivement un *Harpagon*, il ne serait nullement fâché de pouvoir marier sa fille sans diminuer ses revenu. C'est pourquoi il réfléchit assez longtemps avant de répondre, et Jeanneton attend avec patience en disant :

— Réfléchissez, monsieur, c'est trop juste ; quand il s'agit de marier sa fille, on a bien le droit de réfléchir .. Si vous le désirez, même, je reviendrai plus tard savoir ce que vous aurez décidé.

— Non, madame, non ; je vais vous répondre sur-le-champ... Mais je dois vous en prévenir, ma réponse, à moi, ne décidera rien, car je ne suis pas le maître dans cette circonstance. Madame, je commence par vous dire que votre demande m'agrée, que votre belle fortune... je ne vous le cache pas, a une puissance à laquelle il est difficile de résister... Nous vivons dans un temps où il faut être riche, sous peine de n'être rien du tout !... C'est triste à dire, mais c'est la vérité !... Du côté de la naissance... les avantages ne sont pas de votre côté ; nous sommes nobles et... vous ne l'êtes pas...

— Oh ! pas le moins du monde, monsieur !

— Mais notre amour pour la richesse nous a rendus aussi assez philosophes. Nous trouvons que l'or rapproche les distances... qu'il efface les souvenirs du passé... C'est pourquoi, moi, madame, qui suis pour le progrès, je ne mettrais aucun obstacle au mariage de ma fille avec monsieur votre fils, et lui accorderais volontiers sa main...

— Ah ! monsieur !... quel bonheur !... que vous me rendez heureuse !... C'est une affaire arrangée, alors... Je cours dire cela à mon fils...

— Arrêtez, madame, n'allez pas si vite... l'affaire n'est point où vous le pensez ; car, ainsi que je vous l'ai déjà dit, dans cette circonstance je ne suis pas le maître : en me mariant j'ai promis à celle que j'épousais de la laisser entièrement maîtresse de l'avenir des filles que nous pourrions avoir ; de mon côté, je me réservais de décider seul du sort des garçons. Nous n'avons eu qu'une fille, elle dépend donc de sa mère. C'est sa mère, seule, qui a le droit de lui choisir un époux... et je dois vous l'avouer, madame, les chances ne sont pas pour vous, car ma femme est fière, très-fière de sa naissance ; pour elle, la naissance passe avant la fortune ; c'est pourquoi je crains bien qu'elle ne donne pas son consentement à l'union que vous proposez...

— Comment ! monsieur, si madame refuse son consentement vous n'avez pas le pouvoir de passer outre ?

— Non, madame. J'en aurais assurément le pouvoir ! mais je n'en ferai pas usage, car j'ai promis, j'ai donné ma parole à madame de Grandvallon, de la laisser maîtresse sur ce chapitre... et j'ai l'habitude de ne jamais faillir à ma parole.

— En ce cas, monsieur, il ne me reste plus qu'à aller trouver madame, et à lui répéter ma demande...

— Oui... oui... à moins que vous ne préfériez lui écrire...

— Oh ! non pas ! d'abord j'écris mal, ensuite j'aime mieux parler... on sait tout de suite à quoi s'en tenir, on se voit dans les yeux... je vais sur-le-champ me rendre près de madame... elle est chez elle, n'est-ce pas ?

— Elle est... oui... je crois qu'elle y est... mais...

— Mais elle ne voudra peut-être pas me recevoir... c'est cela

que vous n'osez pas me dire... je comprends à demi mot, moi !

— Attendez, madame, je vais la faire avertir par mon domestique... Germain ! Germain !... allez chez madame, et dites-lui que madame Tapin désire lui parler... que c'est pour une affaire importante... qu'il est nécessaire qu'elle la voie... allez, madame attend.

Le domestique trouve sa maîtresse seule dans sa chambre : elle accueille fort mal le message de son mari, et répond :

— Non ! je ne veux pas recevoir cette dame... elle est insupportable... mais elle ne m'obligera pas à la recevoir !...

Germain va s'éloigner... lorsque Herminie se rappelle tout à coup la lettre de change de vingt mille francs au pouvoir de madame Tapin : aussitôt elle se ravise et crie :

— Germain !... je change d'idée... que cette dame vienne ;... amenez-la ici... chez moi... je l'attends... je suis prête à la recevoir.

La réponse de sa femme surprend M. de Grandvallon, mais il sourit à Jeanneton, en lui disant :

— Allez, madame et réussissez dans votre entreprise ; je vous certifie que j'en serai heureux ; car je connais M. votre fils et il a toutes mes sympathies.

— Merci monsieur, merci, vous êtes pour nous, cela nous portera bonheur.

M. de Grandvallon reconduit madame Tapin jusqu'à la porte du salon. Là, celle-ci suit le domestique qui l'a fait passer par plusieurs pièces et arriver enfin chez sa maîtresse.

La superbe Herminie daigne répondre assez poliment à la révérence de Jeanneton, et lui fait signe de s'asseoir tout en lui disant :

— Je devine, madame, le motif qui vous conduit près de moi... J'aime à croire pourtant que vous n'en avez rien dit à mon mari. Je n'ai pu encore réunir l'argent pour l'effet que vous avez entre les mains, mais avant peu j'espère...

— Vous êtes dans une erreur complète, madame, répond Jeanneton en s'asseyant. Ce n'est point pour vous parler de cette bagatelle que j'ai désiré vous voir et causer avec vous... C'est un sujet plus grave, plus intéressant qui m'a fait vous demander cet entretien.

— Alors expliquez-vous, madame, répond madame de Grandvallon qui, sachant qu'il n'est pas question de sa dette, a déjà repris l'air hautain et impertinent qu'elle a toujours eu avec madame Tapin.

Jeanneton, que le grand air n'effrayait pas, et qui a hâte d'en finir avec cette dame, lui dit d'un ton qui ne ressemble en rien à une prière :

— Madame, mon fils a vingt-cinq ans, il adore mademoiselle votre fille, il aura un million en se mariant et ne demande pas la moindre dot à celle qu'il épousera. Je viens vous demander pour lui la main de mademoiselle Amélina.

Un sourire dédaigneux se montre sur les lèvres d'Herminie, et elle répond en appuyant sur chacune de ses paroles :

— En vérité, madame, je regrette que vous vous soyez dérangée pour faire une démarche qui ne pouvait avoir aucun succès !... je le regrette et m'en étonne en même temps : je vous aurais cru assez de perspicacité pour comprendre qu'elle serait inutile, et que monsieur votre fils ne doit pas espérer de former une union avec notre maison.

— Et pourquoi donc, madame, mon fils ne pourrait-il concevoir cette espérance ?

— Parce que je suis noble, madame, de la noblesse la plus ancienne... la plus pure... Tandis que vous !...

— Tandis que moi, j'ai été fruitière, n'est-ce pas, madame ? mais il y a longtemps que je ne le suis plus ; et, depuis que j'ai cent mille francs de rente et que je donne des dîners, bien truffés, je vous assure que personne ne paraît s'en souvenir. Et puis enfin, madame, cette noblesse, dont vous faites tant d'étalage, qui donc l'a inventée ? Il me semble à moi, qu'en cherchant bien, qu'en remontant toujours, on finirait par trouver que nous descendons tous de la même souche, de la même côte, et que par conséquent, nous sommes tous parents, tous de la même famille !

Madame de Grandvallon hausse les épaules en répondant :

— Je conçois, madame, que vous déprisiez la noblesse, les gens du peuple ne sauraient la comprendre.

— Vous êtes dans l'erreur, madame, les gens du peuple aiment beaucoup les comtes, les marquis, les ducs, qui ont des châteaux et font travailler les paysans ; qui s'occupent de soulager les malheureux, de donner du travail aux uns, du pain aux autres et visitent les plus misérables chaumières pour y porter des secours, des consolations. Ces seigneurs-là, on les respecte, on les vénère... Je ne vous assure pas que ce soit parce qu'ils sont nobles, mais c'est à coup sûr parce qu'ils sont bienfaisants.

— Finissons-en, madame, car nous ne pourrions jamais nous entendre. Je vous ai fait connaître ma réponse, il est inutile que vous insistiez davantage.

— Quoi! madame, lors même que vous saurez que monsieur votre mari, moins rigide que vous sur le chapitre de la naissance, donne son consentement au mariage de mon fils avec mademoiselle votre fille, et m'a engagé lui-même à venir à vous pour obtenir le vôtre.

Un vif sentiment de dépit se montre sur la physionomie de la fière Herminie, qui s'écrie presque avec colère :

— Ah! M. de Grandvallon a consenti à ce mariage!... Je le reconnais bien là!... toujours l'amour de l'or!... l'or avant tout!... Mais pour moi, madame, il y a quelque chose au-dessus de la richesse : il y a l'honneur! il y a la gloire d'un nom sans tache. Seule, j'ai le pouvoir de disposer de ma fille, et je vous le répète : Jamais!... jamais je ne consentirai à cette union.

— Il suffit, madame! et je ne vous prierai pas davantage!... répond Jeanneton en se levant, car je vois que le bonheur des autres n'est d'aucun prix à vos yeux.

Madame de Grandvallon s'est levée aussi, elle s'attend à voir partir la mère d'Alexis... mais, après avoir fait quelques pas, celle-ci s'arrête, fouille à sa poche et en tire un petit portefeuille, en disant :

— Pardon, madame, j'oubliais que nous avons un petit compte à régler ensemble...

Herminie rougit, se souvient de sa lettre de change et répond :

— Ah!... en effet, madame, je n'ai pas encore retiré de vos mains ce billet... mais j'espérais...

— Ce billet, madame, n'est pas le seul que vous ayez en souffrance. Tenez... en voici d'autres... un de dix mille francs, un de quinze, un de seize... avec les vingt mille que j'avais déjà, c'est donc un total de soixante et un mille francs que vous devez... Voyez, madame, ne sont-ce pas bien vos effets?...

La grande dame est devenue tremblante, elle suffoque, et regarde les effets, en balbutiant :

— Oui... oui... Je sont bien les billets que j'ai souscrits... mais comment donc se trouvent-ils réunis entre vos mains, madame... car je devais à diverses personnes...

— Oh! madame!... dans les affaires, avec de l'argent, rien n'est plus facile que d'acheter des créances;... j'ai demandé à ce Simonot s'il vous connaissait d'autres dettes, et en fort peu de temps il m'a donné la liste de ces effets, que j'ai achetés, afin...

— Afin de pouvoir vous en faire une arme contre moi, n'est-ce pas, madame, et dans l'espoir que cela me contraindrait à vous céder...

— C'est là votre pensée à mon égard, madame, je suis fâchée de voir que vous me jugiez et me connaissiez si mal!... Non, madame, ce n'est pas pour vous contraindre en rien que j'ai voulu posséder tous ces effets; mais j'ai pensé que quelque jour vous pourriez être inquiétée... tourmentée pour leur remboursement... J'ai voulu vous ôter toute crainte à cet égard... et désormais vous n'en aurez plus!...

En disant cela, Jeanneton déchire tous les billets qu'elle tenait dans sa main et en jette les morceaux dans la chambre...

— Que faites-vous, madame! s'écrie Herminie, stupéfaite de ce qu'elle voit.

— Je déchire ce qui m'appartient... il me semble que j'en ai bien le droit...

— Mais madame... je ne veux pas... Cette somme je vous la dois toujours... et j'espère plus tard...

— Vous voyez bien, madame, que je n'ai plus rien à vous réclamer, et maintenant, soyez satisfaite, vous n'entendrez plus parler de moi.

Jeanneton salue madame de Grandvallon et sort le front haut, la démarche assurée, tandis que la superbe Herminie demeure immobile, atterrée, non pas qu'elle soit touchée de l'acte de générosité dont on vient d'user à son égard, mais parce qu'elle se dit :

— Cette femme a trouvé le moyen de m'humilier!

XV

NOUVELLE OMELETTE SOUFFLÉE.

Lorsque Narcisse Loiseau est revenu à son domicile, après avoir eu soin de changer en route le billet de banque que madame Tapin lui a donné, avant de grimper à son sixième étage, il s'arrête au cinquième étage pour entrer chez madame Fantaisie, qui tâchait d'écumer le bouillon qu'elle espérait faire avec des os.

Mais en entrant chez sa voisine, Apollon commence par donner un grand coup de pied dans la marmite qu'il brise en éclats, et dont les morceaux vont frapper la muraille, tandis que le soi-disant bouillon se répand de tous côtés dans sa chambre, au grand désespoir de madame Fantaisie, qui regarde son voisin d'un air consterné en s'écriant :

— Eh ben! mon bon Dieu! qu'est-ce qui vous prend donc à présent *mon artisse*? Hier votre chien m'a emporté mon bœuf... aujourd'hui vous brisez ma marmite, dans laquelle il y avait des os très-*juteux*!... vous ne voulez donc pas que j'avale le plus léger consommé?

Pour toute réponse, Apollon se met à rire, à danser dans la chambre; puis il fouille dans sa poche, en tire une poignée de pièces d'or et en jette plusieurs sur le giron de la vieille voisine :

— Tenez, chère amie, voilà de quoi faire du bouillon qui aura des yeux comme des portes cochères. Achetez du bœuf.. du veau, du poulet, mettez dedans tous les légumes les plus parfumés... et achetez une autre marmite... la vôtre était indigne du pot-au-feu que vous allez faire maintenant.

— Ah! est-il Dieu possible!... c'est de l'or... de vrais napoléons qu'il remue à la pelle avec sa main!...

— Oui, brave Fantaisie, ce sont des jaunets... j'en ai comme cela pour cinq cents francs... et comme je n'ai pas oublié que vous avez eu soin de moi pendant ma maladie, je veux désormais que vous nagiez dans le bouillon.

— Je n'en reviens pas! mais d'où vous vient cette fortune, beau chanteur? vous avez donc exécuté un bien bel air?... vous avez donc retrouvé cet ut que vous aviez perdu?...

— Rien de tout cela!... j'ai seulement chanté du bouillon qui aura il est vrai que je le possède assez bien, celui-là... il est tout à fait dans mes cordes...

— Oh! oui!... c'est celui où il y a : *Champs de navets, Ébron viens l'avaler!*

— Ah! madame Fantaisie!... qu'est-ce que vous nous dites là!... vous arrangez l'air de *Joseph* en potage!... mais je vous le répète, ce n'est pas mon chant qui m'a valu cette fortune... c'est cette dame si généreuse chez qui je suis retourné... madame Tapin!... Ah! je me plais à proclamer son nom, à celle-là!... Quelle âme bonne, sensible, bienfaisante!... si vous saviez tout ce qu'elle a fait pour moi...

— Dame! elle vous a donné cinq cents francs!

— Ah! ce n'est rien encore!...

— Il me semble que c'est déjà bien gentil!

— Elle a réparé une des fautes de ma jeunesse... elle a pris soin de ma fille, elle l'a élevée près d'elle.

— Votre fille!... vous avez une fille, vous, mon *artisse!* vous ne m'en aviez jamais parlé!...

— C'est que je n'étais pas bien sûr moi-même qu'elle fût encore de ce monde!...

— Vous l'aviez donc perdue?

— Non pas moi, mais c'est sa mère qui l'avait... égarée.

— Et cette bonne dame l'a trouvée et en a pris soin? Ah! c'est un joli trait, ça prouve qu'il y a encore de bonnes gens dans le monde...

— Certainement les bons ne sont pas en majorité, mais enfin il y en a!...

— Alors votre fille va probablement venir vous voir... elle voudra rendre visite à son petit père... lui apporter des douceurs... des confitures..

— Non, oh! non, ma fille ne viendra pas me voir... et je vous avoue que je n'en suis pas fâché; car la mansarde que j'habite offusquerait sa vue... une demoiselle qui a été élevée au sein des richesses dans de beaux appartements... cela lui donnerait une trop mauvaise idée de ma position... d'ailleurs, si je sais que je suis son père, de son côté, elle ignore qu'elle est ma fille... madame Tapin ne le lui a pas dit, et elle a bien fait.

— Mais cependant vous êtes son père, et...

— Assez, *satis* !... Qu'il ne soit plus question de ma fille, et ne songeons qu'à nous réjouir, qu'à faire bombance ! *Nunc bibendum ! nunc ridendum* !

— Ris dindon, tant que vous voudrez, mais je n'ai plus le moindre bouillon... Ah ! voilà Soleil qui vole un des os qui étaient dans la marmite et se sauve avec...

— Nous les lui aurions offerts tous... Laissons-lui croire qu'il a volé celui-ci, puisque cela le rend heureux. Et maintenant, madame Fantaisie, faites-vous superbe ! mettez vos toilettes les plus recherchées... Je vous emmène avec moi dîner au Palais-Royal chez Véfour ; bonne maison, ancienne maison, mais où l'on est toujours bien !

— Il serait possible !... vous allez me faire dîner au Palais-Royal... dans le jardin ?

— Nous ne dînerons pas positivement dans le jardin, comme ces farceurs qui vont y manger un petit pain tout sec, afin de pouvoir ensuite se vanter d'avoir dîné au Palais-Royal. Soyez tranquille... je vous traiterai bien... Je vais chez moi serrer une partie de mon or et mon stradivarius. Je mettrai un faux-col blanc... de votre côté, faites-vous belle !...

— En fait de robe, je n'ai que ma petite en organdi que j'ai achetée à la propriété, qui la tenait de la femme de chambre du second, qui l'avait eue de sa maîtresse qui est marchande à la toilette, et l'avait achetée à une actrice...

— Voilà une robe qui a dû voir bien des choses ! c'est heureux qu'elle ne puisse pas parler. N'importe, voisine, on est toujours bien quand on a le gousset garni...

— En fait de chapeaux, je n'ai que des bonnets...

— Mais maintenant dans un bonnet il y a de quoi faire six chapeaux, puisque les femmes ne portent plus sur leur tête que de petits carrés ou ronds d'étoffe, pas plus grands que le creux de la main, et qu'on appelle cela des chapeaux... avec une demi-feuille de papier blanc, je vais vous tailler un chapeau, vous mettrez autour cette vieille guirlande de roses dont vous ornez la statuette de *Béranger*, vous attacherez cela sur vos cheveux, et vous serez superbe...

— En vérité ! vous croyez que cela aura l'air d'un chapeau ?

— Tout autant que ces soucoupes où ces croûtes de pâté que les dames mettent sur leur tête. Habillez-vous... moi, en route j'entrerai dans un magasin de confection et je me ferai cadeau d'une redingote neuve, non pas de celles qui vous cachent à peine la moitié du derrière et qu'on appelle des : *Ne te gêne pas dans le parc* ! encore une mode qui peut aller avec la coquille que les dames mettent sur leur tête : l'un ne couvre pas son derrière, l'autre ne couvre pas sa tête, je crois qu'on veut en revenir au costume de nos premiers parents... rien que la feuille de vigne... et on dira que c'est du progrès !...

Apollon est remonté chez lui. Madame Fantaisie ouvre tous les tiroirs de la commode, fouille dans tous les coins de sa chambre, pour y chercher ce qu'elle pourrait mettre pour se faire une toilette flambante. Le résultat de ses recherches est trois jupons, qu'elle se met les uns sur les autres, pour se donner du ballon, puis sa robe d'organdi, puis sa collerette à fraise, qui aurait fait envie à un mignon de Henri III ; puis un vieux boa qui a dû servir de serpent dans des pièces de théâtre, et enfin, après avoir assujetti son tour qui, de blond, est passé au roux, elle attache sur le sommet de sa tête, le rond de papier blanc que son artiste lui a taillé, l'entoure avec la guirlande de roses qu'elle enlève à la statue de Béranger, elle enfonce sur tout cela un vieux peigne catalan qui ne demande qu'à figurer dans une cachucha. Avec cet accoutrement et cette coiffure, madame Fantaisie aurait pu se faire voir comme une curiosité, le public n'aurait pas regretté son argent.

Lorsque Narcisse Loiseau redescend et aperçoit sa voisine, il reste saisi, part d'un éclat de rire et s'écrie :

— Admirable !... vous êtes étonnante !

— Vraiment ! vous trouvez que je ne suis pas mal comme cela ?

— Vous êtes d'autant mieux que vous avez l'air d'une étrangère ; par exemple, je défie que l'on devine de quel pays vous êtes.

Partout, nous entrerons dans le premier magasin de confection qui sera sur notre chemin et je changerai de pelure...

On se met en route. Soleil, qui a volé un autre os, le tient dans sa gueule et suit son maître, mais en se tenant à une distance respectueuse. Madame Fantaisie est heureuse et fière de donner le bras à Apollon ; une seule chose trouble son bonheur, c'est sa fraise qui remonte à chaque instant jusqu'à son nez, et un de ses jupons qui menace de se détacher ; mais il n'y a pas de plaisir sans mélange. D'ailleurs on trouve bientôt un magasin de confection, dans lequel elle va pouvoir rattacher ses jupes.

— Apollon s'achète une immense redingote noisette à la propriétaire et qui lui descend jusque sur les chevilles. Le marchand, enchanté de se défaire de ce *rossignol*, jure que c'est la nouvelle mode pour faire opposition aux vestes que portent les gandins. Le chanteur endosse tout de suite sa nouvelle redingote, il se drape dedans en disant :

— Au moins on n'a pas l'air d'avoir pleuré pour avoir un paletot.

Puis envoie un commissionnaire leur chercher un fiacre.

Lorsqu'il s'agit de monter en voiture, madame Fantaisie veut absolument se placer sur le siége à côté du cocher ; probablement pour que les piétons puissent admirer sa toilette. Il faut toute l'éloquence de Narcisse pour la décider à s'établir dans l'intérieur ; mais alors elle a bien soin de baisser la glace et de mettre la tête à la portière.

— Au Palais-Royal ! chez Véfour ! crie l'artiste au cocher. On part, mais à moitié chemin madame Fantaisie, qui s'obstine à tenir sa tête en dehors de la portière, perd sa guirlande, qui tombe dans la rue...

— Ah ! mon Dieu !... cher ami, faites arrêter le cocher !... crie la vieille femme.

— Pourquoi donc cela ?

— J'ai perdu ma guirlande... elle est tombée de ma tête... Je la vois là-bas... Ah ! voilà un gamin qui la ramasse et se sauve avec...

— Consolez-vous ; je vous en achèterai une autre... d'ailleurs celle-ci n'était plus de la première fraîcheur...

— Mais pour entrer chez le traiteur...

— Eh bien ! on peut parfaitement dîner sans guirlande !...

— Mais, ma coiffure ?

— Votre coiffure est tout aussi jolie sans ce colifichet : elle est plus simple, et par cela même de meilleur goût ; vous avez toujours votre peigne. Rapportez-vous-en à moi. D'ailleurs nous voici au Palais-Royal ; ne songeons plus qu'à bien dîner.

Narcisse paye son cocher et entre avec sa compagne dans les galeries du Palais-Royal. Madame Fantaisie s'attache à son bras et lui dit à l'oreille :

— Avant d'entrer chez le traiteur, si nous allions m'acheter une guirlande...

— Non, chère amie, non, la faim me talonne ; allons dîner ! Ensuite je vous achèterai tout un bouquet de fleurs si cela peut vous être agréable et vous tâcherez de le faire tenir sur votre tête.

On entre dans le beau salon de Véfour, où Narcisse fait asseoir sa dame à une table, car on doit bien penser qu'il n'a pas l'intention de dîner avec elle dans un cabinet. L'entrée de ce groupe grotesque produit beaucoup d'effet dans le salon, où il y avait déjà bien des tables occupées.

— Ce sont des étrangers, disent les uns.

— Quel singulier costume !

— Dans quel pays peut-on se fagoter ainsi ?...

— On dirait des saltimbanques !

— C'est vrai, dit un vieux monsieur. Ils me rappellent *Odry* et *Flore* que j'ai vu jadis dans la pièce des *Saltimbanques*.

Mais Narcisse, qui remarque l'effet produit par son entrée, s'empresse de crier bien haut :

— Garçon, du madère ! du porto !... du champagne frappé !... du moët ! je ne bois que de celui-là !

Et, se tournant vers madame Fantaisie, qui n'ose pas lever les yeux de dessus son assiette :

— Chère amie, que désirez-vous manger ?... parlez, ne vous gênez pas !

— Ah ! mon Narcisse, il y a une chose dont on me parle depuis que je suis au monde... il paraît que c'est fièrement bon... et je voudrais bien en goûter...

— Qu'est-ce que c'est ?

Courage!... courage!... me voici... Viens Lapierre... accours!... — page 25.

— De l'omelette soufflée !

— Soyez tranquille, vous en mangerez. Mais on ne commence pas un dîner par là.

— Pourquoi cela ?

— Parce que c'est un entremets sucré... il faut naturellement commencer par le potage... Lequel préférez-vous ?

— Dame ! il me semble qu'une bonne soupe à l'oignon...

— Ah ! fi donc ! décidément vous croyez encore dîner chez vous. Alors je vais me charger de commander... je ne vous consulterai plus.

— Allez-y, ô Apollon, moi, je vais attacher ma serviette sur ma collerette, qui remonte toujours.

Narcisse fait venir un potage aux bisques, puis un beefsteak Châteaubriand, puis du saumon grillé, puis du foie gras, puis un poulet truffé, du homard, du macaroni au gratin. A chaque plat qui est servi sur leur table, madame Fantaisie s'écrie :

— Est-ce l'omelette soufflée ?

— Non ! pas encore... plus tard !

— Plus tard ! mais il n'y aura plus de place, cher ami.

— Buvons ! cela fait de la place... comment trouvez-vous ce beaune ?

— Ah ! c'est du nectar.

— Et ce bordeaux Laffitte ?

— C'est de la pure violette !...

— Et le champagne frappé ?

— Mon artiste, si nous continuons, c'est moi qui vas l'être frappée... je sens déjà que ma vue se brouille et que mes joues me brûlent comme si elles rôtissaient...

— Bah ! bah !... cela se dissipera !

— Et cette omelette soufflée ?

— Vous y tenez donc toujours ?

— Si j'y tiens ! c'est mon idée *fixe*... Comment voulez-vous que je sois ouvreuse de loges, si je ne connais pas l'omelette soufflée !

— Je ne vois pas trop quel rapport... ? enfin n'importe !...

Apollon appelle le garçon, lui parle à l'oreille, et bientôt celui-ci revient avec un superbe plum-pudding nageant dans un rhum qui est en feu...

— Voilà l'omelette soufflée, dit le chanteur en servant du plum-pudding à madame Fantaisie.

— Ah ! ça sent bon... pourquoi y met-on le feu ?...

— Pour que la sauce soit moins forte... Comment trouvez-vous cela ?

— C'est agréable, c'est fort... mais où sont donc les œufs ?... je n'en trouve pas...

— C'est ce qui en fait le charme, les œufs se fondent dans l'assaisonnement. Y mordez-vous ?

— Mais oui... surtout à cause de la sauce... Enfin je pourrai donc me vanter d'avoir mangé de l'omelette soufflée !... mais ça ne rafraîchit pas... mes joues doivent être écarlates !...

— Ne mangez pas si vite ! *quid festinas ?*... Ma chère, voyez-moi, je me délecte ! je savoure ce que je mange, ce que je bois... Un imbécile a dit : *Non ut edam vivo, sed ut vivam edo !* Eh bien, moi, je soutiens que les trois quarts des hommes vivent pour manger.

— Ah Dieu ! que j'ai chaud !... c'est égal j'adore la sauce de l'omelette soufflée, donnez-m'en toujours.

A une table qui n'était pas occupée, près d'Apollon et de sa compagne, est venu s'asseoir un gros monsieur fort bien couvert et qu'à son accent très-prononcé on reconnaît tout de suite pour un enfant de la Grande-Bretagne. Ce monsieur, qui probablement a beaucoup voyagé, comme c'est l'usage de ses compatriotes, ne paraît nullement choqué de la tournure et de la mise singulière des personnes qui sont près de lui, et semble être en admiration devant le beau caniche qui est sous leur table. Car il est bon de dire qu'avant d'entrer dans le Palais-Royal, Apollon avait forcé M. Soleil à abandonner son os, puis, une fois chez le traiteur, l'avait fait se coucher sous la table, en lui enjoignant de n'en pas bouger, et cela d'un ton si sévère, que jusqu'alors le chien n'avait point failli à sa consigne.

— Aoh ! le beau chien ! dit l'Anglais tout en attaquant une large tranche de roastbeef qu'on vient de lui servir.

— Oui, il est d'une assez belle espèce ! répond Narcisse, en se versant du champagne.

Tandis que madame Fantaisie dit à voix basse :

— C'est un milord anglais !

— Est-ce que vous avez vu quelquefois des milords espagnols ? murmure l'artiste en regardant sa voisine d'un air goguenard. Et celle-ci répond :

— Non, jamais. Pourquoi me demandez-vous ça ?

— Pour vous faire comprendre qu'il était inutile d'ajouter le mot : anglais, après avoir dit : milord.

— Vraiment ? eh bien, je ne comprends pas. .

— Je m'en doutais !... restons-en là.

L'Anglais faisait au chien des sourires si engageants que Soleil a quitté le dessous de la table de son maître et vient d'un air éveillé mettre son museau sur celle où dîne ce monsieur, qui paraît enchanté et coupe un petit morceau de roastbeef qu'il présente au chien au bout d'un couteau.

Mais Soleil regarde le morceau de viande d'un air dédaigneux et va reprendre sa place dans les pieds de son maître. Nouveau cri d'admiration de l'Anglais :

— Aoh ! ce chien, il refusait du roastbeef !... *Why* ?

— Milord, parce que je l'ai élevé à ne jamais rien accepter en société... je lui ai dit : Tu es bien nourri chez moi, tu ne dois rien recevoir ailleurs ! et vous voyez comme il obéit à sa consigne.

— Aoh ! c'était miraquiouleux !...

— Vous lui offririez un veau tout entier qu'il ne l'accepterait pas...

— Il était dressé *very well* ...

Puis l'Anglais se tourne pour appeler le garçon, et, saisissant ce moment, Soleil d'un seul bond va enlever ce qui reste de roastbeef dans l'assiette de ce monsieur, n'en fait qu'une bouchée et reprend sa place.

L'étranger, après avoir bien recommandé au garçon du saumon grillé, sauce hollandaise, veut se remettre à son roastbeef et demeure tout surpris en ne trouvant plus rien dans son assiette ; il murmure :

— Aoh !... je ne comprenais pas... je croyais pas avoir mangé *toute* mon rôti !... Cependant je trouvais plus rien !...

Et l'Anglais regarde de tous côtés. Mais il n'a garde de soupçonner le caniche, qui vient de refuser un morceau qu'il lui présentait.

Narcisse, qui voit tout cela, conserve un sérieux imperturbable et se contente de dire :

— Quelquefois on mange sans s'en apercevoir... surtout quand on cause.

— *Yes, yes*, je aurai *toute* le roastbeef... mangé, sans faire attention.

L'arrivée du saumon grillé fait oublier à milord ce petit événement ; il se met à attaquer son poisson, que cette fois il ne perd pas de vue.

Pendant que ceci se passait, madame Fantaisie, dans l'espoir d'apaiser le feu de ses joues, venait de prendre une carafe, avait versé de l'eau dans un verre, trempait le coin de sa serviette dans cette eau, et s'imbibait ensuite les joues avec ce réfrigérant. Puis, comme la chaleur avait gagné le front et la tête, cette dame avait fini par se débarbouiller entièrement, et la serviette mouillée ayant atteint le rond de papier sur ses cheveux, en avait fait un petit rouleau qui ressemblait à une cigarette.

Après le saumon, l'Anglais a demandé un demi-chapon à l'estragon. On le lui apporte, et après avoir découpé la cuisse, il dit à Narcisse :

— *By God, if you please...* je voulais essayer encore une épreuve sur ce chien si peu gourmand, et si bien dressé... volez-vo... permettre, sir ?

— Tout ce qui vous sera agréable, milord ; ne vous gênez pas !...

En faisant de nouveau des mamours au caniche, le monsieur parvient à décider Soleil à quitter sa place et à s'approcher de lui. Alors il lui présente la cuisse du chapon, en lui disant :

— C'était pour toi... ton maître, il volait bien... tu es beau... un *dog beautiful*... Allons, n'ayez pas peur... mange ce volaille !... je donnais à toi !...

Mais Soleil reste insensible. Il n'approche même pas son museau de la cuisse de chapon et va se remettre sous la table de son maître. L'Anglais, émerveillé, mange le morceau auquel le chien n'a pas voulu toucher, puis se met à consulter la carte pour savoir quel vin il prendra. Dès que le caniche s'aperçoit que son admirateur est tout à sa lecture, il se glisse entre les tables, passe sa tête, attrape l'aile du chapon qui est encore intacte et disparaît avec.

— Garçon, je volais du porto... ce sera très-bon avec mon aile de chapon...

— Du porto ! très-bien, monsieur.

Le garçon s'éloigne ; milord repose la carte sur la table et, ayant achevé la cuisse du chapon, se dispose à prendre l'aile qu'il a laissée sur le plat. Le plat est toujours à sa place, mais il n'y a plus rien dessus.

Stupéfaction de l'Anglais, qui s'écrie :

— Aoh !... c'était trop fort !... cette fois je étais bien sûr que je avais pas mangé l'aile de ce volaille !... Tiens, votre chien il n'est plus avec vous...

— J'aime à croire, milord, que vous ne le soupçonnez pas ?... vous avez eu la preuve de sa continence, et s'il est parti, c'est qu'il était ennuyé de ce que vous vouliez l'obliger à manger avec vous.

— Aoh ! je accusais pas lui !... no !... no !... mais alors ce garçon il m'avait donc servi un demi-chapon qui n'avait pas d'aile !...

— Cela arrive très-souvent dans les restaurants, milord, vous demandez une aile de volaille, on vous sert une cuisse ; vous demandez une moitié de volaille, on vous sert deux cuisses ; mais pour des ailes, jamais !...

— Oh ! je volais pas être attrappé... garçon !... garçon !...

Pendant que l'Anglais se dispute avec le garçon, Narcisse, tournant ses regards sur madame Fantaisie, s'aperçoit qu'elle a l'air d'un saule-pleureur ; l'eau découle de tous côtés sur son visage, on croirait qu'elle sort du bain.

— Sapristi, ma chère amie... à quel exercice vous êtes-vous donc livrée !... s'écrie Narcisse ; vous avez donc renversé la carafe sur vous ?... et votre chapeau... il a disparu !... je ne vois plus sur votre tête qu'une boulette de papier...

— Mon artiste, c'est l'omelette soufflée qui m'a trop échauffée... ma tête brûle... je voulais me rafraîchir... je ne peux pas... je voudrais bien rentrer chez moi...

— Et le café ?...

— Oh ! vous irez le prendre sans moi, cher ami, mais j'ai assez pris de choses comme ça... il me semble que je suis rôtie.

— Au fait, je crois qu'il est plus sage de vous ramener chez vous... vous n'êtes plus présentable, et toutes les guirlandes du monde ne cacheraient pas votre inondation. Garçon, la carte à payer !

Le dîner avait coûté cher, mais Narcisse paye sans sourciller, et donne un généreux pourboire au garçon ; puis il sort fièrement, en tenant sous son bras madame Fantaisie, qui peut à peine se soutenir, et murmure à chaque instant :

— C'est la sauce de l'omelette soufflée... C'est bon... mais ça flambe trop.

L'Anglais salue gravement Apollon, en lui disant :

— Aoh ! sir !... vo avez un *dog* bien merveilleux ! je faisais à vo compliment de lui !

XVI

LES SUITES D'UNE RIBOTTE.

Pendant quinze jours Apollon, qui ne va plus chanter dans la rue, ne songe qu'à s'amuser, à bien se traiter, à se divertir ; et il dépense de douze à quinze francs tous les jours, ce qui était beaucoup pour un homme qui, peu de temps auparavant, ne possédait pas vingt sous pour son déjeuner et son dîner.

Mais le quinzième jour de cette existence de sybarite, l'ex-chanteur se met à compter ce qui lui reste encore, sur les cinq cents francs que lui a donnés madame Tapin, et il se trouve ne plus posséder que cent quatre-vingt-dix francs. Alors il passe sa main sur son front et se dit :

— Diable ! si je continue comme cela, je n'ai plus guère que pour une douzaine de jours à faire le petit lion ! ensuite je me retrouverai sans le sou..., et si je n'en gagne pas, je serai donc forcé de retourner chez cette brave dame qui a soin de ma fille !... de vivre encore de ses bienfaits !... Non, saperlotte, je ne veux pas de ça... Au lieu d'économiser je me donne tous les plaisirs... mais comme dit Ovide : *Et cum possideant plurima, plura petunt.* Il faut en finir... Aujourd'hui sera ma dernière bombance... C'est entendu... *encore aujourd'hui la folie et je serai sage demain* ... J'ai chanté cela dans je ne sais plus quel vaudeville. Demain je reprends mon stradivarius et je vais de nouveau faire le troubadour ambulant... plus tard j'irai voir cette honorable madame Tapin ! J'irai lui présenter mes devoirs et m'informer de la santé de mademoiselle ma fille, car enfin je ne dois pas avoir l'air de ne lui porter aucun intérêt ; bien que je sois persuadé que cette belle demoiselle s'occuperait fort peu de moi, si elle savait que je suis l'auteur de ses jours. Ma profession ne semble pas lui plaire !... Ma voix ne l'a pas charmée, bien au contraire !... Je crois qu'elle n'a pas d'oreilles. Ah ! qu'elle ignore toujours que je suis son père... puisqu'elle n'a que de l'antipathie pour moi.

Narcisse, qui était devenu presque sérieux, descend chez madame Fantaisie, qui, depuis le jour de son dîner chez Véry, ne parle plus à tous ceux qu'elle rencontre que de la délicieuse omelette soufflée que son voisin lui a fait manger, et dans laquelle il y avait de l'angélique et du citron confit.

Bonjour, estimable voisine ; vous voyez un homme qui veut se ranger et ne plus fêter tous les jours Cérès et Bacchus.

— Bah ! vraiment, mon artisse ? eh bien, vous aurez raison, vous perdriez vos ut, si vous continuiez à dîner comme l'autre jour... ça vous met le feu dans le corps... Moi, j'ai été pendant trois nuits que je ne pouvais plus dormir... j'étais comme sur un gril. Alors, c'est fini, vous allez penser à me trouver une place d'ouvreuse de loges.

— Oui, mais pas aujourd'hui, car aujourd'hui j'enterre mes bombances, aujourd'hui sera ma dernière ribote ! Mais je veux qu'elle soit soignée... Voulez-vous en être, voisine ?

— Oh ! non... Est-ce que vous mangerez de l'omelette soufflée ?

— Comme celle de l'autre jour... c'est probable.

— C'est bien tentant... mais non, ça me rend malade, je dois être raisonnable. Et où donc comptez-vous faire cette ripaille, beau chanteur ?

— Je ne sais... je jetterai la plume au vent !...

Le temps est beau, la route est belle,
La promenade est un plaisir !

Ceci est des *Rendez-vous bourgeois*, opéra presque bouffe, dans lequel j'ai joué *César* avec un certain succès !...

— Ah ! vous faisiez César ?... un Romain ?

— Non ! tous les César ne sont pas Romains ! comme tous les Romains n'étaient point des César ! plus d'un aurait hésité à passer le Rubicon en disant : *Alea jacta est !*...

— Ah ! mon Dieu, qu'est-ce que c'est que ça ?...

— Au revoir, chère voisine... j'ai bien envie de vous laisser Soleil, car partout où je dîne, ce filou m'expose à des scènes qui ne finissent pas toutes par des compliments, comme lui en a adressé l'Anglais de chez Véry !

— Laissez-moi Soleil, j'aurai l'œil dessus ; mais alors ne vous attardez pas !...

— Soyez donc tranquille ! je n'ai pas la tenue d'un millionnaire, et d'ailleurs il y a un Dieu pour les ivrognes !... je veux *mero nocturno æstuare !*

— Ah ! que vous m'embêtez avec votre latin !...

— C'est généralement l'effet que cela produit à tout le monde...

Apollon prend une voiture découverte et se fait conduire à Suresnes en se disant :

— Je ne boirai pas du vin de l'endroit ! mais il y a de bons traiteurs partout. Je reviendrai ensuite en me promenant par le bois de Boulogne... la promenade facilite la digestion. Je terminerai ma soirée en allant prendre des glaces au café Napolitain, qui a le pompon pour les glaces ! et voilà comme je veux descendre aujourd'hui le fleuve de la vie... Demain je le remonterai ; c'est toujours plus dur à monter qu'à descendre.

Arrivé à Suresnes, notre chanteur n'y trouve pas de traiteurs qui lui plaisent ; il se contente de s'y rafraîchir avec de l'absinthe, ce qui ne le rafraîchit pas du tout ; il remonte dans son véhicule, et se rappelant que dans les beaux jours de sa jeunesse, il a dîné en partie fine à *Madrid*, qui est à la porte du bois de Boulogne, il se décide à y aller dîner, tout en se disant :

— Ce ne sera plus une partie fine, puisque je n'ai pas avec moi un échantillon de cette charmante moitié du genre humain qui tient si bien sa place dans un cabinet particulier, mais je m'en consolerai en mangeant pour deux et en buvant pour quatre.

La petite victoria conduit ce monsieur à Madrid, qui est toujours le point de réunion des équipages des cavaliers et fréquenté par la société élégante qui va au bois.

Narcisse renvoie sa voiture et se fait servir à dîner dans un bosquet. Il se traite supérieurement, trouve la cuisine excellente et les vins parfaits. En sortant de table, où il est resté plus de deux heures, il est dans un état d'ébriété qui n'est pas précisément de l'ivresse, mais qui en approche beaucoup.

La nuit est arrivée, mais l'artiste connaît son chemin ; il marche encore droit et traverse le bois de Boulogne en fredonnant tantôt un refrain de vaudeville, tantôt un air d'opéra. Mais de temps à autre il s'arrête en se disant :

— Ah ! bigre ! que j'ai soif !... est-ce qu'il n'y a pas de café par ici ?... il doit y en avoir... une promenade sans café... ce serait un dîner sans dessert... je vais m'en informer au premier individu qui passera...

Il passait peu de monde, parce qu'il commençait à tomber des gouttes d'eau et que la crainte d'un orage faisait partir les promeneurs. Cependant Narcisse aperçoit un vieux couple qui s'épuisait en efforts pour ouvrir un parapluie qui s'obstinait à ne vouloir servir que de canne. Narcisse va se planter devant le monsieur et la dame en leur disant :

— Donnez-moi donc ça, sacredié !... je m'en tirerai mieux que vous !... j'ai de la poigne, moi !...

Le vieux couple lâche aussitôt le parapluie, et persuadés qu'ils ont affaire à un malfaiteur, l'homme et la femme se sauvent à travers le bois en criant :

— Au voleur !... à la garde !... au voleur !...

— Sont-ils bêtes ! se dit Narcisse en regardant le parapluie qui est à terre. Ils m'ont pris pour un voleur... et ils abandonnent leur parapluie !... j'ai donc l'air bien effrayant ! Ah ! la nuit... tous les hommes... non, tous les chats sont gris... je ne puis cependant pas courir après eux pour leur rendre leur pépin... Tant pis ! il restera là... il fera le bonheur de quelque passant... Mais un café... sapristi !... je veux un café... Ah ! à travers ces arbres, je vois des lumières... quelque chose me dit que j'ai trouvé mon affaire.

C'était en effet le café *Frontin* que Narcisse venait d'apercevoir ; il y est bientôt et s'asseoit devant une des tables placées dans le bois ; la pluie avait cessé, cependant il n'y avait plus fort peu de monde au café.

Un garçon s'approche de Narcisse :

— Que faut-il servir à monsieur ?

— Un bol de punch au kirsch.

— Un bol... entier ?

— Eh oui... mon petit ! si je n'en voulais qu'un demi, je ne vous dirais pas un bol.

— Et combien de verres ?

— Est-il jobard, cet animal-là !... est-ce que vous croyez que je change de verre chaque fois que je bois ?

— J'ai cru que monsieur attendait du monde...

— Tu as mal cru, Lustucru !... Allons, qu'on me soigne mon punch et le pourboire sera gras !... nous ne sommes pas à sec !...

En disant cela, Narcisse frappe sur son gousset, qui rend un son très-plein, ce qui attire l'attention de trois individus d'assez mauvaise mine et coiffés de casquettes dont les visières masquaient entièrement leurs yeux. Ces trois personnages se promenaient lentement dans l'allée du bois qui longe le café et où vont habituellement attendre les voitures qui ont amené du monde en cet endroit. Ces individus ne prenaient rien, mais ils semblaient avoir l'intention de prendre quelque chose. On apporte le punch, Narcisse boit, fait signe de la tête qu'il est satisfait, boit de nouveau, puis essaye de roucouler, mais il est devenu tellement enroué qu'il ne peut plus obtenir un son. Il boit encore, puis tire de sa poche son porte-monnaie, renverse sur la table ce qu'il y a dedans, et se met à trier les pièces d'or d'avec les pièces d'argent et les pièces de cuivre. Les trois messieurs, qui se promènent, observent tout cela et se regardent en clignant de l'œil.

Narcisse a fini tout son bol de punch. Il appelle le garçon et lui dit d'une voix pâteuse :

— Qu'est-ce que je te dois, petit ?

— Six francs, monsieur.

— C'est salé... mais il était bon, et ce qui est bon n'est jamais trop cher... Tiens, voilà sept francs, tu vois que je ne suis pas un fesse-mathieu.

— Merci, monsieur... Monsieur a-t-il sa voiture dans les environs ?

— Je ne crois pas... je l'ai renvoyée quand je suis allé dîner à Madrid... je la regrette à présent, car il me semble que je ne suis pas bien solide sur mes jambes... Mais bah ! ça va se remettre en marchant !...

Narcisse quitte le café et se remet en route ; maintenant, il est tout à fait gris, ses jambes peuvent à peine le soutenir, et au bout de quelques minutes ses pieds heurtent contre un arbre, qu'il a pris pour une ombre ; il tombe à terre, en balbutiant :

— Arrêtez les frais !

Les trois hommes, qui ne l'avaient pas perdu de vue depuis qu'il avait quitté le café, s'empressent d'aller à lui et le relèvent en lui disant :

— Ah ! mon Dieu ! vous êtes-vous fait mal, monsieur ?

— Seriez-vous blessé ?...

— Non, messieurs... non... je vous remercie... c'est mon pied qui a tourné...

— Appuyez-vous sur nous, monsieur, nous pouvons vous offrir deux bras...

— Ah ! vous êtes bien bons... il est certain que je ne suis pas bien solide... sur mes jambes... je n'ai cependant bu qu'un peu de punch...

— C'est souvent le grand air qui produit cet effet-là... mais nous allons vous reconduire jusqu'à la sortie du bois... et puis, nous vous mettrons dans une voiture...

— En vérité... je suis confus... vous êtes charmants... mais ce n'est peut-être pas votre chemin...

— Si fait... nous retournons aux Champs-Élysées. D'ailleurs, est-ce qu'entre camarades on ne se doit pas aide et protection ?...

— C'est juste... entre camarades... nous sommes donc camarades ?...

— Assurément... N'êtes-vous pas employé ?...

— Non... Je suis musicien... mais ça ne fait rien... pardon, je glisse...

— Prenez donc mon bras...

— Ma foi ! ça y est !

Narcisse se pend aux bras de deux de ces messieurs ; le troisième, qui a un gros gourdin à la main, se tient un peu en arrière. On se met en marche en suivant la grande route ; mais au bout de quelques minutes, l'individu qui est derrière dit :

— Il faut prendre le premier sentier à droite... ça coupe, ça abrège beaucoup...

— Chose à raison... nous allons le prendre.

— Ah ! il y a un sentier... qui abrège ? balbutie Apollon, en se laissant mener hors du grand chemin. Tiens... je ne le connais pas !... mais c'est égal, prenons-le, mes enfants ; quand nous serons arrivés, je vous payerai la goutte.

On marche pendant quelques minutes dans le sentier écarté, puis tout à coup, l'homme qui est en arrière dit aux autres :

— On est bien ici !

Aussitôt les deux accolytes quittent Narcisse, qui ne se trouvant plus soutenu, trébuche et vacille, lorsqu'un grand coup de gourdin, appliqué sur sa tête, le fait tomber sur le gazon ; aussitôt les

trois hommes se penchent sur lui et fouillent dans ses poches.

— Ah ! gueux ! ah ! scélérats !... vous êtes donc des voleurs !... dit Narcisse, en essayant vainement de se défendre.

— Tais-toi... sinon nous t'assommons !...

— Le plus souvent que je me tairai !... A moi !... au voleur !... A la... !

— Tais-toi donc !... sa redingote est bonne, il faut la lui prendre aussi...

Pour empêcher leur victime de crier, les voleurs étaient sur le point de l'étrangler, lorsqu'ils entendent des pas qui s'approchent et une voix qui crie :

— Courage !... courage !... me voici... viens, Lapierre... accours !...

Dès qu'ils entendent venir du monde, les voleurs abandonnent l'ivrogne et fuient à travers le bois. Un jeune homme est arrivé, il ne tient à sa main qu'un léger stick, mais il n'en vient pas moins résolument au secours de Narcisse, qu'il relève à moitié en lui disant :

— Pauvre homme !... vous êtes blessé... du sang coule de votre front...

— Ah ! c'est le coup de bâton que j'ai reçu à la tête... mais ce n'est rien... Merci, monsieur, merci, vous êtes arrivé à temps, car sans vous je crois qu'ils m'étranglaient pour avoir mon paletot...

— Ah ! c'est un bien heureux hasard... j'ai quitté mon cabriolet pour me promener à pied quelques instants... il m'attend sur la route... j'appelais mon domestique pour faire peur à ces misérables, car je savais bien qu'il ne pouvait m'entendre ni quitter mon cabriolet... mais pourriez-vous marcher jusque-là ?...

— Oh ! oui, monsieur... tenez, je mérite ce qui m'arrive... je m'étais grisé... oh ! mais, le coup de bâton m'a rendu toute ma raison...

— Vous avez une forte entaille au-dessus de l'œil... vous perdez du sang...

— Ça me fait du bien, monsieur, je vous assure que ça me fait du bien... ça dégage le cerveau !... d'ailleurs, je vais envelopper ma tête avec mon mouchoir...

— Nous demanderons de l'eau fraîche dès que nous serons sortis du bois...

— Oh ! ce n'est pas la peine, monsieur... ça se guérira bien sans cela.

— Donnez-moi le bras... nous allons rejoindre mon cabriolet... je vous ramènerai chez vous...

— Ah ! monsieur ! que de bontés !... ils m'ont tout de même volé, les gueusards !

— L'argent n'est rien, si votre blessure est légère...

— C'est juste, monsieur, l'argent n'est rien... quoique pourtant ça ait son mérite... Enfin, je suis pour les événements, ce soir !... Figurez-vous, monsieur, je ne vous ai d'abord pris pour un voleur !... ensuite j'ai été pris par des voleurs... et sans vous... ah ! voilà ce que c'est que de n'avoir pas emmené Soleil !... Soleil, c'est mon chien, monsieur, et je vous réponds que s'il avait été avec moi, ces gredins-là ne m'auraient pas touché !...

On est arrivé au cabriolet, qui était resté sur la route.

— Montez, monsieur, dit le jeune homme, mon cheval est bon, vous serez vite rendu... où demeurez-vous ?

— A Paris, dans le faubourg Saint-Martin, dans le haut... passé le chemin de fer... mais, monsieur, je ne veux pas que vous preniez la peine d'aller jusque-là... une fois sur le boulevard, je pourrai marcher...

— Non pas ! je veux vous mettre jusqu'à votre porte... eh ! mon Dieu, rien ne presse, j'ai le temps... vous devez être affaibli par la perte du sang. D'ailleurs, je n'aime pas obliger à demi...

— Ah ! monsieur... que de bonté !...

Une fois assis dans le cabriolet, Narcisse dit à son sauveur :

— J'espère, monsieur, que vous voudrez bien me dire votre nom, votre adresse... afin que je puisse aller remercier celui qui m'a tiré d'un si mauvais pas, dès que je serai débarrassé du bandeau que je porterai sur ma tête...

— En vérité, mon cher monsieur, le service que je vous ai rendu est si simple, que cela ne vaut pas la peine que vous vous dérangiez... Remarquez bien que je n'ai eu aucune lutte à soutenir contre vos voleurs, ils se sont sauvés sitôt qu'ils m'ont entendu...

— Mais, monsieur, quand vous êtes accouru à mon aide, vous ne saviez pas si vous auriez ou non du monde à combattre, et sapristi, vous arrivez avec votre petite badine en l'air, comme si vous aviez tenu un revolver à six coups... Je vous en prie, ne me privez pas du plaisir d'aller vous remercier... je ne suis qu'un pauvre diable, mais il est doux de savoir le nom de la personne qui nous a fait du bien.

— Puisque cela vous est agréable, je me nomme Alexis Tapin...

— Tapin ! Tapin !... seriez-vous le fils de cette dame si généreuse, si bonne ! qui demeure rue de Provence ?

— C'est ma mère. Vous la connaissez ?

— Si je la connais !... si je la connais !... ah ! monsieur, mais c'est ma bienfaitrice... tenez, si je suis vêtu proprement... si je ne suis plus misérable, c'est à sa générosité que je le dois...

— Seriez-vous par hasard Narcisse Loiseau, ce chanteur ambulant qui venait chanter dans notre cour ?

— Oui, monsieur, oui, c'est moi, Narcisse Loiseau, devenu chanteur dans la rue après avoir été clerc chez l'avoué... Ah ! votre digne mère se l'est bien rappelé !... et puis... il y a encore autre chose qu'elle a fait... ah ! vous devez savoir cela aussi, vous, monsieur, votre mère ne peut vous l'avoir caché... cette jeune fille dont elle a pris soin... qu'elle a fait passer pour sa nièce... c'est... c'est...

— C'est votre fille... oui, monsieur, je le sais... ma mère m'a raconté toute l'histoire de vos amours avec une demoiselle de grande maison qui n'a pas craint d'abandonner son enfant !... Ah ! c'est affreux cela !... d'autant plus que cette personne avait de la fortune...

— De la fortune... pas précisément, monsieur, mais elle en avait toujours assez pour pouvoir élever en secret son enfant... Enfin, grâce à madame Tapin, la petite n'a pas été... où sa mère l'envoyait !... et elle se porte toujours bien... votre soi-disant cousine ?

Alexis hésite pour répondre; il murmure :

— Oui... oui... sans doute... mais vous viendrez me voir, n'est-ce pas ? et nous causerons de tout cela... de tout ce qui vous intéresse...

— Oh ! oui, monsieur, je serai trop heureux d'aller vous remercier, et de présenter mes hommages à votre digne mère... je suis sûr que dans deux jours je n'y penserai plus... les blessures à la tête cela vous tue, ou cela se guérit tout de suite, et je sens bien que cela ne me tuera pas...

— Trouverez-vous dans votre demeure ce dont vous aurez besoin ?

— Oui, monsieur, grâce au ciel, j'ai pour voisine une excellente femme, la mère Fantaisie; elle va tout de suite me faire de l'eau de sureau pour bassiner ma blessure et m'y appliquer une compresse. En vérité, je suis presque content de ce qui m'est arrivé, puisque cela m'a procuré l'avantage de faire votre connaissance, monsieur.

On est arrivé devant la demeure de Narcisse, il descend du cabriolet et remercie de nouveau Alexis, qui lui dit :

— Au revoir alors !

— Oh ! oui, monsieur, à bientôt !

XVII

BON CHIEN CHASSE DE RACE.

En sortant de chez les Grandvallon, Jeanneton avait conté à son fils ce qu'elle y avait fait et la manière dont elle avait été accueillie par monsieur et par madame. Elle ne lui avait pas caché la circonstance des billets souscrits par cette noble dame et la façon dont elle avait agi pour les soixante et un mille francs qu'elle avait le droit de réclamer; alors Alexis s'était jeté au cou de sa mère, en s'écriant :

— Ah ! c'est bien ! c'est très-bien ! ce que vous avez fait là !... et je suis fier d'être votre fils. Que cette dame refuse encore notre alliance, puisque son orgueil est inflexible, mais dans le fond de son âme, il doit y avoir quelque chose qui la force à vous estimer.

— Et maintenant, mon ami, dit Jeanneton, que j'ai fait tout ce que j'ai pu pour que l'on t'accorde celle que tu aimes, et qu'il faut que tu renonces à cet espoir, maintenant tu sais ce que tu m'as promis : nous allons voyager, parcourir le monde, nous te chercherons une autre Amélina... nous ne tomberons pas toujours sur une mère si fière, si insensible aux larmes de sa fille, car je suis bien sûre que la pauvre petite partage ton amour; mais il faut se consoler et prendre son parti. Quand quittons-nous Paris ?

Alexis, qui ne se soucie pas du tout de quitter Paris, parce qu'un amoureux ne désire jamais s'éloigner de celle qu'il aime, et qu'il conserve toujours de l'espoir, parce qu'en amour on compte beaucoup sur le hasard, répond à sa mère :

— Oui, sans doute, nous voyagerons, chère maman, mais pas tout de suite; rien ne nous presse; nous sommes à la fin de l'été, il fait encore trop chaud pour voyager... ce serait une fatigue... et depuis quelques jours, je me sens un peu courbature...

Jeanneton, qui devine ce qui se passe dans le cœur de son fils, se contente de pousser un soupir en murmurant :

— Alors nous attendrons que la courbature soit passée.

La veille de sa rencontre avec Narcisse dans le bois de Boulogne, Alexis, en se promenant sur le boulevard des Italiens, s'était tout à coup trouvé en présence du jeune Alfred Guilloché. Celui-ci avait essayé de s'esquiver en apercevant le fils de madame Tapin, mais il n'en avait pas eu le temps, car Alexis l'avait retenu, en le saisissant assez fortement par le bras, et lui avait dit :

— Pourquoi donc vous sauvez-vous en m'apercevant, monsieur Alfred ? vous devez avoir bien des choses à me raconter cependant...

— Moi !... mais je ne me sauvais pas du tout... je ne vous avais pas vu... et ça va bien ?

— Donnez-moi d'abord des nouvelles de... ma cousine... puisque je vous revois à Paris, c'est que vous l'y avez ramenée, sans doute ?

— Ramenée !... Ah ! le plus souvent... je l'ai lâchée ! j'en avais assez de cette demoiselle !

— Monsieur, que signifie ce langage ?

— Cela signifie que mademoiselle Léonide n'est pas plus votre cousine que je ne suis votre cousin... Oh ! si elle eût été vraiment votre cousine, je vous prie de croire que je l'aurais pas quittée et que je l'aurais épousée, comme c'était bien mon intention en l'enlevant... Voyons, mon cher Alexis, ne nous fâchons pas... franchement le sujet n'en vaut pas la peine...

— Monsieur Guilloché, vous traitez maintenant bien mal cette pauvre Léonide... pourquoi l'avez-vous enlevée alors ?

— Pourquoi ? mais sapristi, je ne l'ai pas enlevée, moi; c'est elle qui a tout fait pour que je l'enlève, qui m'en a prié... Oh ! c'est une fine mouche que cette fille ! d'abord elle s'est bien gardée de me dire qu'elle n'était pas la nièce de madame Tapin !... elle m'a dit : Ma tante a l'intention de me donner une dot superbe, un écrin, des diamants, quand je me marierai; mais elle prétend me faire épouser un négociant en cachemire; elle vous refusera ma main. Il n'y a donc qu'un seul moyen pour la forcer de consentir à notre union, c'est de m'enlever; nous nous marierons à l'étranger et alors il faudra bien qu'elle nous pardonne. Moi, dans le premier moment, je vous avoue que cela m'a paru bien hardi ! Mais Léonide était si sûre de son fait, et surtout si pressée que je me suis laissé entraîner. Dès le lendemain, elle vient me trouver chez moi; nous prenons le chemin de fer et nous nous rendons à Boulogne. Là, ma demoiselle me dit : Filons tout de suite en Angleterre. Mais moi, j'avais comme un pressentiment, et, avant d'aller plus loin, je dis à ma belle : « Écrivez d'abord à votre tante que vous êtes avec moi, que je vous attendrai que votre pardon pour retourner vous jeter à ses pieds. Si elle vous répond qu'elle vous pardonne, nous n'avons pas besoin d'aller en Angleterre, où il faut donner un schelling rien que pour qu'on vous dise le nom d'une rue. » Ma belle hausse les épaules et me répond : « Épousez-moi d'abord, et je n'écrirai à ma tante que quand je serai votre femme. » Mais je ne pouvais pas me marier tout de suite, il me manquait des papiers; elle-même n'avait pas son acte de naissance. Je lui dis :

« Donnez-moi bien la date, les noms de vos père et mère, j'écrirai à Paris pour qu'on me le procure. » Oh! alors elle me rit au nez, prétend qu'il faut s'en passer, qu'en Angleterre on ne nous demandera pas tout cela et qu'elle veut y aller. Mais, moi, j'en reviens à ma première idée. Je veux qu'elle écrive tout de suite à sa tante. Pendant huit jours que nous passons à Boulogne, nous nous disputons presque sans cesse. Elle veut partir pour l'Angleterre, je veux qu'elle écrive à sa tante... Le neuvième enfin elle s'écrie : « Vous ne comprenez donc pas que madame Tapin n'est point ma tante!... et que c'est pour cela que je ne lui écrirai pas! vous auriez dû le deviner depuis longtemps. Mais puisque vous m'aimez, ce n'est pas cela qui doit vous empêcher de m'épouser! quant à des parents, je n'en ai pas. »

— Fichtre! me dis-je, voilà qui change bien la thèse... plus de tante millionnaire, par conséquent plus de dot à espérer... Cette demoiselle m'avait positivement attrapé!... De plus, j'avais remarqué un gros Anglais qui lorgnait beaucoup Léonide, laquelle répondait très-bien à ses œillades. Je me dis : « C'est celui-là qui conduira ma belle en Angleterre, où elle a un si vif désir d'aller. » Et le lendemain, de grand matin, sans rien dire à personne, sans prendre congé de mon infante, je partis pour Paris, où je suis arrivé d'avant-hier. Voilà, mon cher monsieur Alexis, l'exacte vérité. Puisque cette demoiselle n'est point votre cousine, vous ne pouvez pas trouver mauvais que je n'aie pas voulu être sa dupe. Et maintenant que vous savez tout, j'ai bien l'honneur de vous saluer, car on m'attend dans une maison où il y a une nièce... mais une vraie nièce à épouser... du reste, je prendrai toutes mes précautions.

Le jeune gandin avait quitté Alexis et celui-ci avait été raconter tout cela à sa mère.

— C'est un peu ma faute, dit Jeanneton, j'ai eu tort de faire passer cette jeune fille pour ma nièce... que va-t-elle devenir maintenant?...

— Oh! ne vous en inquiétez pas, ma mère ; franchement cette demoiselle n'en vaut pas la peine; la lettre qu'elle vous a écrite en partant doit vous ôter tous regrets, et d'ailleurs il est bien probable que Guilloché a deviné juste : cet Anglais se sera chargé de son sort.

On comprend maintenant pourquoi Alexis a hésité pour répondre lorsque Narcisse lui a demandé des nouvelles de sa fille. En rentrant à son hôtel, le jeune homme se rend près de sa mère et lui fait part de la rencontre qu'il vient de faire.

— Eh bien, dit Jeanneton, quand il viendra te voir, quand ce pauvre diable te demandera des nouvelles de sa fille, raconte-lui toute la vérité et montre-lui la lettre que mademoiselle Léonide m'a écrite en me quittant. Il jugera par lui-même si nous avons des reproches à nous adresser.

Trois jours après son aventure au bois de Boulogne, Narcisse, à peu près guéri de sa blessure à la tête, et ne portant qu'un mince bandeau noir sur le front, fait sa toilette, brosse avec soin sa redingote et son chapeau, met du linge blanc, cire ses bottes, et, laissant son violon dans son étui, fait signe à Soleil de le suivre en lui disant :

— Toi, désormais, je t'emmènerai toujours, n'importe où j'irai! car on ne sait pas ce qui peut arriver, et si je t'avais eu avec moi dans le bois de Boulogne, on ne m'aurait pas volé mon portemonnaie... aujourd'hui je vais chez de braves gens... chez des amis... mais dans la rue on rencontre autre chose que des amis... il faut être in utrumque parátus... je puis te parler latin à toi... tu le comprends aussi bien que le français. Viens donc avec moi voir mon libérateur, celui qui est arrivé assez à temps pour mettre en fuite les brigands qui, non contents d'avoir pris mon argent, voulaient encore me dépouiller de cette belle peinre, grâce à laquelle je puis me présenter dans le monde et chez M. Alexis Tapin. Mais surtout, Soleil, ne vous avisez pas de dérober la moindre chose dans la maison où je vous mène... sinon!... vous voyez cette badine dont je me suis pourvu... c'est tout ce que je dis assez!

Narcisse accompagnait toujours ses paroles de gestes qui étaient parfaitement compris par son chien; quand il le menaçait de le punir, il lui parlait de très-près, en se courbant, et en lui mettant presque son poing sous le nez; lorsqu'au contraire il lui donnait entière liberté d'agir, il frappait dans ses mains, ouvrait ensuite ses bras et regardait Soleil en lui disant : Vas! vas! cherche!... Le caniche comprenait cette pantomime et partait comme un éclair.

Le virtuose ambulant se rend rue de Provence ; il entre dans l'hôtel qui appartient à madame Tapin, en saluant gracieusement madame Dobin, la concierge, pour laquelle il n'est plus un inconnu, et qui lui rend son salut d'un air fort aimable, parce qu'elle a vu que le chanteur des rues a été reçu par sa maîtresse et a causé longtemps avec elle dans son appartement... (les concierges remarquent tout). Il n'y a que Soleil auquel madame Dobin fait un accueil assez froid.

— Monsieur Alexis Tapin est-il visible ? demande Narcisse.

— Oui... monsieur est chez lui, il n'est pas encore sorti, mais madame est sortie avec sa voiture...

— Pensez-vous que M. Alexis puisse me recevoir?

— Certainement, vous pouvez monter... c'est au second... mais par exemple votre chien...

— Il montera avec moi... soyez tranquille! je réponds de lui... il sera sage...

— C'est que ce n'est pas son habitude... Ne le perdez pas de vue alors...

— Je vous répète qu'il ne me quittera pas.

Narcisse monte au second étage. Lapierre reconnaît l'individu que son maître a ramené chez lui blessé, et il le fait entrer sur-le-champ, en lui disant :

— Monsieur m'a dit de vous introduire aussitôt que je vous verrai... et justement monsieur est seul en ce moment.

Alexis pensait à ses amours; il était triste et cherchait en vain un moyen pour entrevoir Amélina et lui faire, au moins par signe, comprendre qu'il l'adorait toujours. L'arrivée de Narcisse le tire de ses rêveries, il court à lui et lui tend la main en s'écriant :

— Ah! bonjour, monsieur Narcisse, je suis bien aise de vous revoir... d'abord cela me prouve que vous allez bien... et puis que vous avez de la mémoire.

Notre chanteur est tout ému de cet accueil et de cette main que lui tend ce jeune homme, placé si loin de lui par sa fortune; il n'ose à peine toucher cette main qu'on lui présente, et qui secoue la sienne avec cordialité... il balbutie :

— Monsieur... en vérité je suis confus... oh! ma tête est guérie à peu près!... et j'aurais été un grand misérable si j'avais oublié ce que je vous dois...

— Asseyez-vous là... et causons... Ah! c'est votre chien, ce beau caniche ?

— Oui, monsieur, un animal qui a beaucoup de défauts... mais je les lui pardonne en faveur de ses qualités... s'il eût été avec moi l'autre soir, on ne m'aurait pas volé...

— Aviez-vous beaucoup d'argent sur vous ?...

— Beaucoup, non... mais pour moi... j'avais mis quatre-vingts francs dans ma poche... heureusement j'en avais déjà mangé trente dans ma journée... je dis heureusement, car sans cela on me les eût volés avec le reste!

— Êtes-vous maintenant à court d'argent? parlez, ne vous gênez pas, j'en ai à votre disposition... et vous m'obligerez en m'en trouvant l'emploi...

— Merci mille fois, monsieur, mais je n'ai besoin de rien... et me trouve fort heureux en ce moment... Madame votre mère est absente, m'a-t-on dit, sans quoi j'aurais sollicité la permission de lui présenter mes hommages...

— Oui, ma mère est sortie, mais il faudra revenir la voir...

— Oh! je n'y manquerai pas... Et... et... mademoiselle Léonide est sortie avec elle ?...

— Léonide!... ah! monsieur Narcisse... je dois vous apprendre quelque chose qui va vous affliger peut-être.

— Quelque chose touchant cette demoiselle ?... Oh! parlez, monsieur... rien ne m'étonnera de sa part... j'ai deviné ce qu'elle devait être...

— A la suite de votre dernière visite ici... où Léonide s'était montrée si insolente avec vous, ma mère n'a pu garder plus longtemps le silence... elle lui a appris qu'elle n'était point sa nièce et que vous étiez son père...

— Bigre! cela a dû faire un coup de théâtre!...

— Léonide a paru douter, elle refusait de croire à ce qu'on lui disait; il a fallu que ma mère lui racontât de quelle manière elle l'avait recueillie. Mais le lendemain cette demoiselle avait quitté notre demeure; et voilà la lettre qu'en partant elle a laissée pour ma mère... Lisez-la, monsieur, vous y verrez comment elle se montre reconnaissante de ce qu'on a fait pour elle.

Narcisse prend la lettre, la lit avec attention, puis la relit de nouveau, et en commente plusieurs phrases : *Vous m'avez donné un père dont je ne veux pas... merci du cadeau...* Très-bien... elle ne veut pas de moi pour son père, je m'y attendais !... *Je pars avec un jeune homme qui m'adore...* Oui ! compte là-dessus... *Je ne vous remercie pas de ce que vous avez fait pour moi, il ne fallait point me faire passer pour votre nièce, ou il fallait toujours me conserver ce titre !...* La péroraison est digne de l'exorde !... rien ne m'étonne dans cette lettre... Cette demoiselle est telle que je l'avais jugée... Du reste, il est fort bien écrit ce billet... bien clair, bien net... et pas une seule faute de français... Allons, bon chien chasse de race ! elle a hérité du talent épistolaire de sa mère... et ce qu'il y a de singulier, c'est qu'elle a presque la même écriture !... Me permettez-vous de garder cette lettre, monsieur, je ne serai pas fâché de comparer ?...

— Gardez, monsieur Narcisse, gardez ! cette lettre vous appartient ; je regrette que ce soit tout ce que nous puissions vous offrir de votre fille.

— C'est bien assez, monsieur, car ce qu'elle laisse ne la fait pas regretter. Désormais, si vous le permettez, nous ne reviendrons plus sur ce sujet, qui n'a rien d'agréable pour moi. Nous parlerons de vous, de vos amours... car je sais que vous êtes amoureux, monsieur Alexis, madame votre mère m'a dit cela, et ce qui m'étonne, ce que je ne puis comprendre, c'est que l'on vous refuse... vous, jeune, beau, riche... ayant tout ce qu'il faut pour plaire, pour être aimé...

— Hélas !... c'est la noblesse que je n'ai pas !...

— Vous avez celle du cœur... n'est-ce pas la meilleure ? *Juvénal* l'a dit : *Nobilitas sola est atque unica virtus !...*

— Tel n'est pas l'avis de madame de Grandvallon, la mère de la personne que j'aime... cette dame pousse jusqu'au plus haut point l'orgueil de la naissance ; sans elle je serais le mari d'Amélina, car son père, M. de Grandvallon, accueillait ma demande, et l'a dit positivement à ma mère...

— Et il ne se passe point du consentement de sa femme pour marier sa fille ?... en voilà une poire molle !...

— Il a promis en se mariant que madame aurait tout pouvoir sur ses filles... se réservant de décider de l'avenir de ses garçons... Ah ! monsieur Narcisse ! vous le voyez, la fortune ne fait pas le bonheur, car j'adore Amélina... j'en suis aimé... et je ne serai pas son mari... et elle sera la femme d'un autre... Tenez, cette pensée me désole, me désespère !... elle me poursuit sans cesse... et m'empêche de goûter un seul instant de repos !...

— Sapristi ! mais il faut mettre ordre à cela... ça ne peut pas durer comme ça !..., il ne sera pas dit que le fils de ma bienfaitrice, que mon libérateur sera malheureux... passera son temps à pousser des soupirs et que je ne ferai rien pour changer sa situation. Monsieur Alexis, voulez-vous avoir confiance en moi ?

— J'en ai beaucoup, mon cher monsieur ; mais pourquoi me demandez-vous cela ?...

— Voulez-vous me laisser le maître d'agir à ma fantaisie pour servir vos amours ?... écoutez : j'ai joué les *Scapin*, les *Frontin*, les *Almaviva* ! de tous ces rôles il m'est resté quelque chose : ce serait le diable si je ne trouvais pas encore quelque bonne ruse, quelque expédient pour forcer cette dame à vous donner sa fille...

— Oh ! c'est impossible, mon ami !...

— Je suis comme feu *Scribe*, je ne connais pas ce mot-là !... Enfin, me donnez-vous carte blanche ?

— Très-volontiers, mais à condition cependant que vous ne ferez rien qui puisse compromettre Amélina, dont l'honneur m'est plus cher que le mien !

— Soyez tranquille... ce n'est pas la jeune fille que j'attaquerai. Vous ne voulez pas l'enlever ?

— L'enlever ! Amélina !... Oh ! je le voudrais qu'elle n'y consentirait jamais. Amélina n'est pas de ces demoiselles qui se laissent enlever. Si ce sont là vos moyens, mon pauvre Narcisse, vous pouvez renoncer à me servir !

— Eh non ! saperlotte !... nous en trouverons mille autres. Donnez-moi seulement l'adresse de madame de Grandvallon... Grandvallon ! tiens, c'est drôle... il me semble que ce nom a déjà été prononcé devant moi...

— Ils demeurent place La Fayette, une grande maison assez vieille, porte cochère, grande cour.

— Ah ! je connais ça ! je me rappelle à présent... c'est dans cette maison-là que je suis entré chanter une fois... une charmante jeune fille semblait prendre plaisir à m'entendre...

C'est Amélina !

— Mais une dame a paru à une autre fenêtre, l'air dur, impérieux, la voix hautaine... aigre... qui a grondé la demoiselle parce qu'elle me parlait, et m'a chassé de sa cour d'une façon très-malhonnête !

— C'est ma mère, madame de Grandvallon.

— Ah ! palsambleu, comme dit *Scapin*, je reconnaîtrai la maison ! et je suis enchanté de trouver l'occasion de me venger de cette dame qui traite si mal les artistes ambulants. Je vous laisse, monsieur Alexis, et dès demain je commence mes opérations.

— Où vous reverrai-je, mon cher Narcisse ?

— Auprès de la demeure de votre belle si vous allez quelquefois vous promener par là.

— Si j'y vais !... j'y passe presque toutes mes journées ! et souvent sans avoir même entrevu Amélina, qui cependant s'approche des croisées dès qu'elle en trouve l'occasion !

— Ensuite, si je ne vous apercevais pas, je viendrais vous rendre compte de ce que j'aurais fait...

— Ah ! si elle sortait du moins avec sa mère, je pourrais la suivre de loin, savoir où elle va...

— Une idée ! si je mettais le feu à la maison, cela forcerait ces dames à sortir...

— Ah ! malheureux, que dites-vous là !...

— Je plaisantais, monsieur ; rassurez-vous, je n'emploierai que des moyens doux... Soleil, saluez M. Alexis et suivez-moi... Vous voyez qu'il a été parfaitement sage ! il n'a pas bougé de la place que je lui avais marquée... Mais c'est toujours ainsi qu'il se conduit lorsque j'ai en main ma badine... il sait ce que cela veut dire ! Quand j'ai mon violon, ah ! c'est bien différent !... je ne puis plus en venir à bout !...

XVIII

APOLLON-SCAPIN.

Notre chanteur rentre chez lui, en cherchant dans sa tête par quel moyen il servira les amours de celui dont il serait si heureux de faire cesser la tristesse ; il rumine, il fouille dans sa mémoire, passe en revue toutes les fourberies des Scapin, des Crispin, des Frontin, et, comme c'est assez l'ordinaire, ne trouve rien qui puisse être employé pour servir Alexis. Il se couche, en se disant : La nuit porte conseil ! je trouverai de bonnes ruses cette nuit. Mais il s'endort, ne fait qu'un somme jusqu'au lendemain se réveille sans avoir rien trouvé ; il descend chez sa voisine, qui, depuis qu'il a été blessé, lui prépare son déjeuner, et, tout en avalant sa soupe, il lui dit :

— Madame Fantaisie, quand vous étiez jeune, vous avez dû être assez gentille ; étiez-vous gardée par votre mère ?

Madame Fantaisie se rengorge, rajuste son tour, et répond :

— Je n'étais gardée que par ma vertu.

— Ah ! diable !... et vous a-t-elle gardée longtemps ?

— Mais... suffisamment... jusqu'à ce que je me marie... à peu près...

— Ah ! il y a un à peu près !... et cet à peu près-là, comment s'y est-il pris pour vous séduire ?...

— Vous êtes bien curieux, mon *artisse !*... je ne me souviens plus trop...

— Allons, cherchez bien, une femme se souvient toujours de sa première glissade !...

— Je crois que... il avait apporté des marrons et m'a fait boire du vin blanc...

— Décidément, cela ne peut pas nous aider !... Ma foi, abandonnons-nous au hasard, souvent il nous sert mieux que notre imagination.

Ce scélérat de caniche va l'étrangler!... —Page 40.

Narcisse a mis son violon sous son bras, il fait signe à Soleil de le suivre et se rend à la place La Fayette ; il reconnaît bien vite la maison dans laquelle il est entré une fois; le concierge balaye sous la porte cochère ; il a son garde-vue placé par-dessus sa casquette, Soleil semble le reconnaître aussi, car il va s'arrêter devant la porte cochère et lorgne l'abat-jour vert qui orne la tête de M. Chipart, tandis que son maître passe et repasse en regardant avec attention toutes les fenêtres. Mais personne ne se montre derrière, et le nouveau Scapin n'aperçoit dans l'éloignement que l'amoureux Alexis, qui fait semblant de lire des affiches.

— Comment diable faire pour que les habitants de cette maison mettent le nez au vent? se dit Narcisse en examinant la place.

— Je puis bien entrer chanter dans la cour, mais ce sera ma dernière ressource et je ne veux pas en faire usage tout de suite. Tiens, voilà devant cet épicier un chien qui a l'air de regarder le mien de travers... pardieu ! il faut que Soleil me seconde un peu ici... d'ailleurs il aura facilement raison de ce roquet.

Et, faisant signe à son caniche d'approcher, Narcisse lui montre le roquet qui est devant l'épicier en lui disant :

— Va, Soleil ! saute dessus... il nous en veut... il grogne en nous regardant .. va... rosse-le !...

Soleil, qui comprend parfaitement ce que lui dit son maître, ne se fait pas répéter cet ordre; il s'élance, attrape l'animal qu'on lui a désigné et se met à lui faire sentir ses crocs ; le roquet crie, aboie, fait un tapage d'enfer, tout le monde s'arrête, on regarde les deux chiens se battre, et, suivant l'usage, on les excite encore au lieu de les séparer. Mais bientôt une femme sort de chez l'épicier, tenant une once de café, de la chandelle et une burette pleine d'huile dans ses mains. En reconnaissant son chien dans celui qui est battu par Soleil, elle pousse de grands cris et se précipite près des combattants, en hurlant :

— Ah ! mon Dieu !... c'est Candi ! que cet infâme caniche tient sous ses pieds... Ah ! le gueux !... ah ! mon pauvre Candi !... et on laisse battre cet innocent, au lieu de les séparer !... Mais vous êtes donc des cannibales, vous qui voyez cela sans chercher à l'empêcher !... Candi !... viens ici, Candi !...

Comme le désespoir de cette dame, qui gesticulait beaucoup avec sa burette et ses chandelles, avait quelque chose de fort cocasse, le peuple s'en amusait, riait plus fort, les voyous, les gamins se permettaient même des plaisanteries sur Candi, en disant qu'il n'était pas tout sucre en ce moment, et continuaient à exciter les deux combattants afin que la scène se prolongeât. En ce moment, un monsieur fort bien couvert, parce qu'il allait être parrain, commet l'imprudence de se glisser dans la foule et de s'avancer assez pour voir les chiens se battre. Cet individu se trouve être tout près de la maîtresse du roquet, lorsque celle-ci étend ses bras vers le ciel, en s'écriant :

— Juste Dieu ! Candi a le dessous... ce scélérat de caniche va l'étrangler !

Mais en faisant ces gestes, cette femme a tenu de côté sa burette, et toute l'huile tombe sur le gilet chamois et l'habit noir de ce monsieur. Celui-ci se met à son tour en fureur, et apostrophe la femme à la burette :

— Madame, qu'avez-vous fait là ?... ah ! cré nom d'un tonnerre... voyez dans quel état vous me mettez !... et c'est de l'huile !... Dieu me pardonne !... de l'huile !... mon habit neuf est perdu.. mon gilet aussi... j'en ai jusque dans ma cravate !...

— Mon Dieu, vous voilà bien malade ! c'est pas sale, c'est de l'huile à manger...

— A manger ou non... ce sont des taches... Faut-il que j'aie du malheur !... et on m'attend pour un baptême !...

— Je m'en fiche pas mal... fallait pas vous approcher si près.. Candi ! Candi !... viens à ta maîtresse... mon chéri !

— Madame, cela ne peut pas se passer comme ça !... vous allez venir avec moi chez un dégraisseur, et vous me payerez ce qu'on me demandera...

— Ah ! le plus souvent... laissez-moi tranquille... vous m'embêtez !...

Quoi! il y a cela? tu ne te trompes pas, ma mère? — Page 45.

— Ah! je vous embête... vieille drogue !... mais je ne vous lâcherai pas... vous allez venir chez le dégraisseur.

Et le monsieur bien mis veut saisir la femme au roquet par sa robe, mais celle-ci se retourne brusquement et lui soufflette la figure avec les chandelles qu'elle tenait dans son autre main.

Alors la gaieté des spectateurs est à son comble; des éclats de rire partent de tous côtés, et les aboiements des chiens sont couverts par la joie bruyante de la foule; il s'est amassé tant de monde sur la place que les voitures ne peuvent plus circuler, et Narcisse juge prudent de rappeler Soleil, qui a très-convenablement rempli le rôle qu'on lui avait confié, et qui peut maintenant laisser en paix celui qu'il a rossé, car les curieux, les badauds, les gamins ne s'occupent plus que du monsieur taché et suifé, qui a un fragment de chandelle dans le nez, mais qui a fait sauter en l'air le bonnet de la maîtresse de Candi.

Les bruyants éclats de rire de la foule ont attiré l'attention de toutes les personnes qui logent sur la place. Toutes les fenêtres se sont ouvertes, et partout il s'y montre du monde. Narcisse ne perdait pas de vue la maison des Grandvallon. C'est la dernière où l'on ouvre une croisée, mais enfin quelqu'un y paraît : c'est le père de la jolie Amélina.

— Diable! se dit Narcisse, est-ce que je n'aurais fait faire tout ce tapage que pour voir le papa? ce serait pas la peine et je regretterais d'avoir empêché ce monsieur, si bien couvert, d'aller remplir les fonctions de parrain !... Mais, une minute !... voilà une jeune personne qui accourt et se penche sur le monsieur... Au lieu de regarder la foule et les gens qui se battent, elle porte ses regards au loin... du côté où il y a des affiches... un éclair de plaisir illumine sa physionomie... Allons, cette fois nos amoureux se sont vus !

C'était, en effet, Amélina, qui, voyant son père regarder par la fenêtre, était venue se placer près de lui, et comme elle savait de quel côté Alexis avait l'habitude de se tenir, elle l'avait bien

vite aperçu. Celui-ci avait porté la main sur son cœur, la jeune fille en avait fait autant, et pour deux personnes qui s'aimaient, cela valait toutes les lignes télégraphiques.

M. de Granvallon reste assez longtemps à la fenêtre, parce qu'il s'amuse de ce qui se passe sur la place. Amélina n'a pas quitté son père un seul instant, les amoureux ont eu le loisir de se dire beaucoup de choses avec leurs yeux.

Mais un sergent de ville survient qui emmène chez le commissaire le parrain à l'huile et la maîtresse de Candi ; celle-ci ne cesse de crier :

— Où est l'autre chien ?... où est son maître ?... c'est celui-là qu'il faudrait arrêter... c'est eux qui sont des *turbateurs*...

Mais le caniche et son maître ont disparu ; alors la foule se dissipe et on referme les croisées. Narcisse a rejoint Alexis dans une rue voisine. Le jeune homme est enchanté; il presse la main du chanteur et lui dit :

— Ah mon ami ! je l'ai vue... elle m'a reconnu !... ses doux regards m'ont dit mille choses !...pendant plusieurs minutes j'ai pu jouir de ce bonheur, et c'est grâce à vous !... Oh ! c'est bien !... c'est déjà très-bien !...

— Oui, c'est quelque chose...mais ce n'est pas assez... Cependant pour aujourd'hui nous nous en tiendrons là ; parce que si je me montrais à présent sur la place, les boutiquiers reconnaîtraient Soleil, et on pourrait lui faire un mauvais parti. Demain je reviendrai... et nous trouverons autre chose.

Le lendemain, sur les midi, Narcisse suivi de Soleil se remet en route pour la place La Fayette. Il passait peu de monde, parce qu'une petite pluie faisait peur aux promeneurs. Alexis était déjà à son poste, ayant l'air de lire des affiches.

— Comment attirer du monde aux fenêtres? se dit Narcisse, je ne puis pas faire battre tous les jours mon chien...

En regardant de côté et d'autre, notre artiste ambulant aperçoit un gamin de sept à huit ans qui s'amusait à lancer des petits cailloux dans les fiacres qui passaient, puis qui se sauvait, en tirant la langue au cocher lorsque celui-ci le menaçait de son fouet.

— Voilà un jeune drôle qui promet ! se dit Narcisse. Par là sambleu ! comme dit *Mascarille*, il faut que j'utilise ce jeune talent et ces aimables dispositions au mal...

Puis allant au petit polisson, qui commence par lui faire la grimace, il lui dit :

— Veux-tu gagner vingt sous ?

— Vingt sous !... ah ! je crois ben !... c'est pour faire une commission ?

Moins que cela. Écoute, tu vas prendre un caillou, mais un peu plus fort, cette fois, et plus gros que ceux que tu jettes sur les cochers....

— Moi ! j'ai rien jeté !...

— Tais-toi, et ne fais pas la bête !... Ce caillou, tu le jetteras dans l'une des croisées de cette maison, que tu vois... là-bas... en face... il faut que tu casses un des carreaux et tu te sauveras après... comprends-tu ?

— Ah ! ouiche ! je comprends ! c'est pour me faire pincer que vous me conseillez ça... mais je ne suis pas si gniole !...

— Tu es un imbécile !... je n'ai aucun motif pour te faire pincer, je ne suis pas cocher, moi ; c'est une farce que je veux faire aux personnes qui demeurent là !... D'ailleurs, une fois la pierre lancée, tu t'en sauves... Tiens, voilà les vingt sous : si tu acceptes, je paye d'avance... si tu refuses, c'est que tu es un poltron.

Le gamin regarde la pièce, hésite un moment, puis s'en saisit en s'écriant :

— Ah ! ma foi tant pis ! je me risque... Attendez... Vous allez voir, ce ne sera pas long !

En effet, il a ramassé une pierre du calibre qu'il juge nécessaire, la montre à Narcisse, et se dirige du côté de la demeure des Grandvallon. Il regarde autour de lui, attend que quelques personnes soient passées, recule un peu et lance la pierre avec tant de force que le carreau vole en éclats. Les boutiquiers viennent sur leur porte, les passants s'arrêtent, on regarde de tous côtés... celui qui a fait le coup est déjà loin.

Narcisse se tenait assez éloigné pour ne pouvoir être soupçonné d'être l'auteur de cette méchanceté. La fenêtre attaquée s'ouvre, une dame paraît et se penche sur le balcon. C'est madame de Grandvallon.

— Ah ! l'on jette maintenant des pierres dans nos carreaux ! dit Herminie en regardant dans la rue... il ne manquait plus que cela... Monsieur Chipart ! monsieur Chipart !... faites donc arrêter celui qui a lancé cette pierre...

Le concierge paraît devant la porte cochère, armé de son balai. Il regarde dans la rue et murmure :

— Je ne vois que des gens qui ont l'air tranquille... personne ne se sauve ! si on se sauvait, je dirais : C'est celui-là ! mais personne ne se sauve !...

— Vous êtes une buse !... dès demain je ferai fermer les persiennes dans la journée ; de cette façon on ne cassera plus nos carreaux.

Madame a disparu. Narcisse va, l'oreille basse, rejoindre Alexis, qui lui dit :

— Mauvais moyen, mon ami, qui fera prendre à cette dame plus de précautions...

— Oui... mauvais... parce qu'il n'a pas réussi, on a toujours tort quand on ne réussit pas... *Va victis !* tout le monde sait cela !... Ma foi il faut en finir, je vais entrer dans la place, et nous verrons ce qui en résultera !

— Vous allez entrer dans la maison !... sous quel prétexte ?

— Parbleu ! le voilà mon prétexte...ce violon dont je vais jouer... et ma voix dont je vais lancer... d'autant plus que je me sens en voix aujourd'hui!...je vais leur chanter l'air du *Muletier* d'Hérold... *Sur les pas de jeune fillette* !... Ah ! en voilà de la musique ravissante et mélodieuse, tout en étant savante !...

— Mais si madame de Grandvallon vous fait renvoyer de sa cour... ?

— Oh ! je ne m'en irai pas si vite que cela... et puis nous la verrons cette dame... je ne serai pas fâché de la faire un peu endêver... enfin si la fille se montre, je lui ferai des signes qu'elle comprendra... elle saura que je suis dans vos intérêts, que je sers

vos amours, c'est très-important ; car alors dès qu'elle entendra mon violon, elle devinera que c'est pour elle que je joue... et en musique on peut se dire une foule de choses.

— Prenez garde, mon ami, de la prudence !...

— Soyez donc tranquille ! j'ai joué *une Folie* et *les Fourberies de Scapin* !

Narcisse saisit un moment où le concierge est entré chez une fruitière, pour tâcher d'obtenir quelques renseignements sur la personne qui a cassé le carreau. Il passe rapidement sous la porte cochère, et va se placer au milieu de la cour, en faisant signe à Soleil de rester à côté de lui. Avant de jouer du violon, il porte ses regards de tous côtés, examine toutes les fenêtres, cherche si derrière l'une d'elles il n'apercevra pas le joli visage d'Amélina ; mais n'ayant aperçu personne, il commence à préluder sur son violon, puis enfin donnant toute sa voix, il chante l'air du *Muletier* :

> Sur les pas de jeunes fillettes,
> Chaque jour,
> Nous savons, en fait d'amourettes,
> Plus d'un tour !...

Notre chanteur se sent en voix, jamais il n'avait dit cet air avec autant de goût ; il le chante presque aussi bien que *Lemonnier* qui a créé ce rôle. Une jeune personne ne tarde pas à se montrer derrière les carreaux ; elle semble craintive, on voit qu'elle brûle d'envie d'ouvrir la fenêtre et n'ose pas ; elle s'y décide cependant, les yeux fixés sur Narcisse, qui s'est tourné vers elle et a l'air de lui dire : C'est pour vous que je suis ici, c'est pour servir vos amours que je chante !...

Mais ce moment de plaisir dure peu. Madame de Grandvallon vient trouver sa fille en lui disant :

— Que faites-vous là, mademoiselle ? est-ce qu'il convient à une jeune fille de votre rang d'écouter un chanteur des rues ?... rentrez sur-le-champ dans votre appartement !... et vous, monsieur, allez-vous-en... sortez de ma maison, nous ne voulons pas de votre musique !...

— Pardon ! madame, pardon ! mais tout le monde ici n'est peut-être pas de votre avis... vous n'habitez pas seule cette maison ; il peut y avoir des personnes qui aiment la musique...

— Apprenez que je suis maîtresse ici !... et que seule j'y commande... je vous ordonne de sortir de ma cour...

— Je n'ai pas fini mon morceau...

— Ah ! c'est trop fort !... c'est ce misérable chanteur qui est déjà venu une fois dans ma cour et voulait y rester de force... je le reconnais...

— Moi, madame, je ne vous reconnais pas, et cependant il me semble bien que ce n'est pas la première fois que j'entends votre voix...

— Monsieur Chipart !... monsieur Chipart !... chassez vite cet homme de la cour... c'est lui sans doute qui a cassé un de nos carreaux... s'il reparaît jamais dans la maison, je vous chasse avec lui !

Le pauvre concierge était fort embarrassé ; il tenait son balai, mais il n'osait pas s'approcher du chanteur, dont le chien le regardait d'un air menaçant. Narcisse met fin à sa frayeur ; il pose son violon à terre, tout en criant à Herminie :

— Ah ! c'est ainsi donc que vous me traitez !... eh bien ! nous allons voir.

Et frappant à plusieurs reprises dans ses mains, en regardant son chien qui dresse aussitôt ses oreilles, il ouvre ses bras, en lui indiquant le grand escalier, puis lui crie : Va ! va !... cherche, Soleil !... rapporte quelque chose !

Le caniche ne se fait pas répéter cet ordre ; il part comme un éclair, enfile le grand escalier et disparaît. Alors M. Chipart, ôtant sa casquette, s'approche de Narcisse et lui dit bien poliment :

— Si vous vouliez avoir la complaisance de vous en aller, monsieur le violon ?... vous avez entendu madame ?...

— Oui, oui, brave concierge, ne vous faites point de peine ! je vais partir... j'attends que mon chien revienne... ce ne sera pas long !

— Madame Grandvallon avait quitté la fenêtre, mais au bout d'une minute elle y reparaît, l'air furieux, l'œil étincelant, et dit à Narcisse :

— Monsieur, rappelez votre chien... rappelez-le bien vite... il est entré dans mon appartement, il saute sur les meubles, abîme tout... casse mes porcelaines !... rappelez-le, sinon je le fais assommer par mes gens !

— Oh ! madame, mon chien ne se laisserait pas assommer comme cela !... il est comme son maître, il se défend. Mais calmez-vous... il a seulement voulu aller vous présenter ses hommages ; maintenant qu'il a rempli son devoir, je vais le rappeler.

Narcisse se met alors à siffler d'une façon toute particulière, et l'on vit bientôt le chien descendre l'escalier, en tenant dans sa gueule un petit chiffon de papier. Il va à son maître, qui lui dit :

— Ah ! mon pauvre Soleil, tu n'as rien rapporté de bon ! mais enfin tu as cassé quelques porcelaines et puni ainsi l'insolence de cette dame : c'est toujours quelque chose. Et maintenant partons, nous n'avons plus rien à faire ici.

XIX

CE QUE SOLEIL AVAIT TROUVÉ.

En sortant de la maison des Grandvallon, le pauvre virtuose n'a pas cherché à retrouver Alexis ; il reprend le chemin de chez lui, mécontent du peu de succès de ses entreprises et se disant :

— Tout cela ne nous avance à rien... j'ai promis au fils de madame Tapin de lui faire épouser celle qu'il aime... et franchement je commence à croire que j'aurai de la peine... que j'en serai pour mes promesses !... Cette dame de Grandvallon... dont la voix résonne encore à mon oreille... et m'a frappé comme une voix déjà connue... elle est bigrement coriace, cette mère-là !... et l'oreille toujours aux aguets !... pas moyen de faire des signes à sa fille... d'établir une correspondance... c'est désolant !...

Narcisse est rentré chez lui, il ne s'est même pas arrêté chez madame Fantaisie, car chez sa voisine il s'était vanté de réussir, et il éprouve du dépit de ce que le hasard n'a rien fait pour lui.

Soleil a suivi son maître, en tenant toujours à sa gueule le fragment de papier qu'il a pris chez madame de Grandvallon. Le chien se couche devant son maître, en le regardant, comme pour lui dire :

— Est-ce qu'il faut que je garde toujours ce morceau de papier dans mes dents ?

Mais Narcisse remarque enfin l'attitude de son chien ; il le caresse, en lui disant :

— Mon pauvre Soleil ! ce ne sont pas des dépouilles opimes cela,... et tu aurais tout aussi bien fait de ne rien rapporter !....

Puis l'artiste ôte le papier que tenait le chien et l'examine machinalement, en disant :

— Qu'est-ce que cela ?... une enveloppe de lettre !... oui, voilà le timbre... l'adresse n'est pas déchirée... voyons...

À MADAME,

MADAME HERMINIE DE GRANVALLON, NÉE...

Ici, Narcisse s'arrête en poussant un cri de joie, car il vient de lire : née de *Santa-Flora*. Il se lève, court dans sa chambre... lit et relit plusieurs fois l'adresse, pour s'assurer qu'il ne s'est pas trompé ; puis embrasse son chien à plusieurs reprises, en s'écriant :

— Ah ! mon brave Soleil !... et moi qui t'accusais de n'avoir rien rapporté de bon !... mais c'est un trésor que tu as trouvé là... Née de Santaflora... la mère d'Amélina est la fille du marquis de Santaflora !... c'est mon ancienne... ma belle Herminie !... Ah ! les voiles tombent maintenant !... Cette voix qui m'avait frappé... qui avait un timbre connu à mon oreille... oui, tous mes souvenirs reviennent... Ah ! mon bon Alexis ! quelle joie !... quelle ivresse !... c'est maintenant que je suis sûr de te marier à celle que tu aimes !... Si j'allais tout de suite lui conter cela ?...

Non... remettons-nous, calmons-nous, il faut mettre de l'ordre dans nos idées... il faut avant tout que je voie cette dame... pas aujourd'hui, il est trop tard... demain... je me ferai superbe .. et ce n'est plus comme chanteur que je me présenterai... Ah ! c'est égal !... j'ai besoin de m'épancher...

Et Narcisse descend chez la voisine, il y entre en dansant, il la prend par les deux mains et la fait polker avec lui, en lui disant :

— Victoire !... victoire ! chère Fantaisie !... et c'est à Soleil que nous la devons...

— Mon Dieu ! qu'est-il donc arrivé, mon *artisse* ? est-ce que je suis ouvreuse de loges ?

Il est bien question de cela !... ce sont des huîtres que vous ouvrirez ! Venez chez le petit traiteur du coin... je vous en offre avec du vin blanc... il faut que nous fêtions cette journée...

— Est-ce que vous voulez encore me payer de l'omelette soufflée qui flambe ?

— Non... un petit régal bien modeste... oh ! je ne veux plus me griser !... j'ai besoin de toute ma raison pour ce qui me reste à faire...

— Alors je ne mets pas de guirlande ?

— Oh ! non .. venez comme vous êtes... et Soleil aussi viendra avec nous... Mon brave chien !... tu ne me quitteras plus !

Narcisse laisse à peine à sa voisine le temps de rajuster son tour, il l'entraîne et la conduit chez un petit gargotier qui est tout près de leur demeure. Là il demande des huîtres, ce qui est un grand luxe chez le marchand de vin, où les écots ne montent jamais bien haut, et quand madame Fantaisie apprend qu'elles valent deux sous la pièce, elle s'écrie qu'elle aime mieux des moules. Et Narcisse, qui n'est plus très-riche depuis qu'on l'a volé, finit par se ranger à l'avis de sa voisine ; les moules remplacent les huîtres ; un lapin sauté remplace l'omelette soufflée, un morceau de fromage de Brie tient lieu de bombe glacée, et l'amphitryon s'écrie qu'il n'a jamais si bien dîné, tant il est vrai que le meilleur repas est celui où l'on apporte un cœur content.

Madame Fantaisie demande plusieurs fois à son voisin quel est l'événement heureux qui lui est arrivé ; mais celui-ci se contente de lui répondre :

— Ce qui m'est arrivé ne change rien à ma modeste position, mais cela va me fournir les moyens de faire le bonheur du fils de cette bonne madame Tapin, à qui je dois tant ! et en assurant le bonheur de son fils, naturellement je fais aussi celui de la mère, qui l'idolâtre !... Comprenez-vous maintenant pourquoi je suis si joyeux ?

Madame Fantaisie ne comprend pas très-bien, mais elle fait semblant de comprendre, ce qui arrive tous les jours dans le monde, quand nous n'avons pas bien écouté ce qu'on nous a dit et que nous ne voulons pas faire répéter.

Le lendemain, après avoir soigné sa toilette, mis du linge blanc et retapé son chapeau, Narcisse prend seulement sa badine, fait signe à Soleil de le suivre, et, après avoir visité son portefeuille et s'être assuré qu'il contient tous les papiers dont il a besoin, il se rend sur les une heure de l'après-midi place La Fayette, puis, la tête haute et la démarche fière, entre dans la demeure des Grandvallon.

Dans le premier moment, le concierge, dans cet homme qui a une tenue si digne, ne reconnaît pas le joueur de violon de la veille. Mais bientôt il reconnaît le chien et alors, courant se placer devant Narcisse, lui dit :

— Monsieur... monsieur... où allez-vous ?... vous savez bien que vous ne pouvez pas entrer ici...

— Rassurez-vous, portier ! répond Narcisse d'un ton sérieux ; ce n'est plus le musicien, ni le chanteur qui vient ici, c'est une personne qui désire parler à madame de Grandvallon, née de Santa-Flora... car votre maîtresse porte aussi ce nom, n'est-il pas vrai ?

— Oui, monsieur, oui, certainement ! et quand on écrit à madame, on met très-souvent sur l'adresse : Madame de Grandvallon, née de Santa-Flora.

— Très-bien ! allez donc porter à votre maîtresse, née de Santa-Flora, ce petit mot que j'ai écrit d'avance, et dans lequel je lui demande un entretien particulier.

— Mais, monsieur... je ne sais pas si je dois me charger ?...

— Portier, faites ce que je vous ordonne, et pas de réflexion ! ou sinon...

Narcisse n'achève pas, mais il regarde son chien.

— J'y vais, j'y vais ! monsieur, répond aussitôt M. Chipart. Et il monte vivement le grand escalier.

Madame de Grandvallon était seule dans sa chambre à coucher, lorsqu'elle entend gratter à sa porte, et bientôt la tête de son concierge paraît.

— Que me voulez-vous, monsieur Chipart? demanda la belle Herminie.

Le concierge se décide à entrer et balbutie d'un air craintif :

— Madame, pardon... ce n'est pas moi... c'est un homme... un monsieur... qui voudrait avoir avec madame un entretien... particulier...

— Un entretien particulier?... et quelle espèce d'homme est-ce?

— Madame... c'est une espèce... c'est... mais au reste, madame l'a déjà vu, c'est cet homme qui est venu chanter hier dans la cour et qui a un chien...

— Encore ce misérable !... que veut-il donc ? il est bien hardi de demander à me parler...

— Oh ! il n'a pas son violon... mais il a son chien... il m'a donné ce petit billet pour madame... il explique sans doute pourquoi il vient...

— Comment! cet homme se permet de m'écrire !... Ah ! c'est trop fort!...

La superbe Herminie prend le billet, brise le cachet, mais bientôt elle devient d'une pâleur mortelle en lisant ceci :

« Narcisse Loiseau présente ses hommages à madame Herminie de Grandvallon, née de Santa-Flora, et la prie de vouloir bien lui accorder un moment d'entretien. »

Le concierge est là qui attend ce que sa maîtresse va lui dire; celle-ci s'efforce de se remettre de son trouble et répond d'un air irrité :

— Répondez à cet homme que je ne le connais pas, qu'il se trompe... que je ne sais pas ce qu'il veut dire... que je ne le recevrai pas... et chassez-le... vous entendez !... renvoyez-le sur-le-champ... renvoyez-le...

Le concierge n'est pas enchanté d'être chargé de renvoyer l'homme au chien. Cependant il exécute des ordres qu'il a reçus de sa maîtresse. Mais Narcisse, après l'avoir écouté, lui répond :

— Je m'attendais à ce que vous venez de me dire... aussi j'avais préparé un autre petit mot pour cette dame... le voici... allez le lui porter.

— Mais, monsieur... je n'ose pas... parce que...

— Portier, allez vite où je vous envoie, sinon je lâche Soleil après vos mollets...

— J'y vais, monsieur, j'y vais !

— Qu'est-ce encore? demande madame de Granvallon en voyant reparaître Chipart; avez-vous renvoyé cet homme?

— Madame, il ne veut pas s'en aller, et il m'a encore donné ce mot pour vous.

Herminie prend vivement le papier et lit :

« Si vous refusez de me recevoir, je vais à l'instant même aller trouver votre mari, j'ai en main les preuves de ce que j'avance, et je lui raconterai l'histoire des amours de la fille du marquis de Santa-Flora. »

— Allez, concierge... allez dire à cet homme de monter !... je consens à l'entendre, murmure Herminie, en froissant le papier dans ses mains et se laissant tomber dans un fauteuil.

Cette fois, le vieux Chipart met de l'empressement à s'acquitter de sa commission, et Narcisse faisant signe à son chien de rester à l'attendre dans la cour, monte sans se presser le grand escalier, traverse une antichambre, passe devant une camériste qui lui indique le chemin qu'il doit suivre, et arrive enfin chez madame de Grandvallon.

La fière Herminie est restée assise, mais elle relève la tête pour voir cet homme qui est parvenu à être admis près d'elle. Celui-ci s'incline fort courtoisement devant cette dame, puis, à son tour, l'examine, et pendant quelques instants, ces deux personnages, gardant tous deux le silence, ne sont occupés qu'à rechercher l'un chez l'autre des traces de ce qu'ils étaient vingt ans auparavant.

Enfin madame de Grandvallon rompt la première le silence, en disant d'un ton hautain :

— Que me voulez-vous, monsieur, et qui vous amène ici ?

— Madame, répond Narcisse, presque en souriant, je viens vous donner des nouvelles de notre fille...

— Notre fille !... ah ! c'est trop d'audace... vous osez dire?...

— J'ose dire ce qui est, madame, répond Narcisse, en élevant le ton cette fois. Allons ! plus de subterfuges ! plus de mensonges ! je croyais que vous y aviez renoncé !... êtes-vous, oui ou non, la fille du marquis de Santa-Flora ?

— Oui, monsieur, je suis une Santa-Flora et je m'en fais gloire.

— Eh bien, moi, madame, je me fais gloire d'avoir couché avec vous et de vous avoir fait un enfant !...

— Monsieur !... monsieur !...

— O madame, vous devriez bien penser qu'avec une femme comme vous je n'agirais pas ainsi si je ne possédais pas les preuves de ce que j'avance... vous avez donc oublié, belle Herminie, les lettres que vous m'avez écrites ?... lettres charmantes, brûlantes... surtout les trois premières, où vous m'indiquiez le jour et l'heure où je pourrais aller vous trouver... J'admirais votre style... j'admirais ces phrases si bien tournées et toujours dans un français si pur, et je me disais : Si elle voulait écrire un roman, il aurait le succès de Corinne ou de Delphine...

Herminie, dont les traits sont bouleversés, s'est levée à demi, puis est retombée dans son fauteuil en balbutiant :

— Quoi ! monsieur, vous avez conservé mes lettres !...

— Si je les ai conservées !... oh ! avec soin, avec bonheur... Il y a un axiome latin très-connu qui dit : Verba volant, scripta manent... Les clercs d'avoués savent assez généralement le latin, madame, et vous devez vous rappeler que j'ai été chez l'avoué. Les femmes sont imprudentes quand elles sont amoureuses... et celles qui écrivent bien, aiment assez à le faire voir. Mais des lettres comme les vôtres ne se brûlent pas !... J'ai reçu dans ma vie bien des lettres de femmes; les vôtres sont les seules que j'ai gardées ; les autres étaient pleines de fautes d'orthographe, ou sottes, ou nulles, ou dans un style de cuisinière... mais les vôtres... oh ! je les ai relues souvent et toujours avec orgueil ; il n'y a que la dernière, la quatrième, dans laquelle vous m'ordonniez de me charger de la fille que vous veniez de mettre au monde, en m'annonçant que si je n'allais pas chercher la petite, vous alliez l'envoyer aux Enfants-Trouvés...

— Ah ! monsieur... pas si haut !.. plus bas, je vous en prie!...

— C'est juste, madame !... maintenant que vous ne cherchez plus à feindre, je parlerai bas. Cette dernière lettre, je l'ai gardée aussi ; elle est là, dans mon portefeuille avec les autres...

— Eh bien, monsieur, je ne cherche plus à nier... C'en est fait... je reconnais que vous pouvez me perdre... mais que voulez-vous maintenant ce que vous voulez, ce que vous désirez... je suis prête à tous les sacrifices... je n'ai là... à moi, que deux mille francs... je vais vous les donner... et ensuite je...

Narcisse arrête Herminie, qui fait un mouvement pour aller à son secrétaire et la fait se rasseoir, en lui disant :

— Vous vous méprenez totalement sur le but de ma visite, madame. Gardez votre or!... gardez !... Grâce au ciel, je ne suis pas venu guidé par ce vil motif!..

— Mais alors, que désirez-vous donc de moi, monsieur ?... et après tant d'années écoulées, quand je pouvais espérer que... le passé serait pour toujours enseveli dans l'oubli... vous ne pouvez pas être venu troubler mon repos, ma tranquillité sans y être poussé par un motif grave...

— En effet, madame, car il s'agit du bonheur de personnes que j'aime, d'une famille à qui je dois tout...

— Expliquez-vous, enfin !

— Eh bien, madame, je viens vous prier de donner votre consentement au mariage de votre fille... Amélina, avec M. Alexis Tapin...

— Comment ! c'est pour cela?... et en quoi donc ce mariage peut-il vous intéresser, monsieur ? Vous connaissez donc ces gens-là ?

— Ces gens-là m'ont secouru, lorsque j'étais malheureux ; le jeune Alexis m'a tiré d'un péril éminent; enfin, madame, vous leur devez bien aussi quelque chose à ces gens-là !... cette bonne madame Tapin a pris soin de votre fille, elle l'a empêchée d'aller où vous vouliez l'envoyer, en la recueillant chez elle, en lui faisant donner de l'éducation, en la faisant passer pour sa nièce...

— Ah ! mon Dieu ! que me dites-vous là !... cette jeune fille... que j'ai vue avec elle... cette Léonide ?...

— Oui, Léonide... c'est bien cela ! c'est votre... c'est notre... enfin c'est l'enfant dont vous n'avez pas voulu vous charger...

— Il se pourrait ?... par quel miracle ?...

— Il n'y a pas le plus petit miracle là-dedans, mais seulement une bonne action.. Le 22 juin 1846... vous devez vous rappeler cette date... au petit jour, madame Tapin rencontra la femme que l'on avait chargée d'emporter l'enfant... elle la fit causer, elle eut pitié de cet enfant que ses parents repoussaient et elle s'en chargea... voilà toute l'histoire...

— Et madame Tapin sait que je suis la mère de cette jeune fille !... Ah ! je suis perdue !...

— Non, rassurez-vous ! madame Tapin ignore encore que vous êtes l'héroïne de cette aventure, et elle ne le saura jamais, si vous donnez le consentement que je vous demande ; ce qui, du reste, fera plaisir à tout le monde, car les jeunes gens s'adorent, et M. de Grandvallon est très-content de marier sa fille sans dépenser un sou.

— Je consens, monsieur, je consens... soyez satisfait... Amélina épousera M. Alexis.

— C'est très-bien, madame ; mais comme vous avez formellement refusé madame Tapin quand elle est venue vous demander, pour son fils, la main de votre fille Amélina, vous concevez maintenant qu'il faut que le revirement d'idées vienne de vous. Par conséquent, vous allez donc vous-même, de votre blanche main, et avec cette éloquence qui vous distingue, écrire à madame Tapin que vous avez réfléchi, que vous voulez faire le bonheur de votre fille... Amélina, et que vous consentez maintenant à son mariage avec M. Alexis Tapin.

— Eh bien, j'écrirai, monsieur.

— Oh ! pardon, madame, mais dans les affaires de ce genre, il ne faut pas traîner les choses en longueur. Veuillez écrire sur-le-champ, madame, je me chargerai de porter votre lettre et j'irai moi-même la porter à madame Tapin. Pendant que je porterai ce message, vous, de votre côté, vous apprendrez à monsieur votre mari et à sa charmante fille, votre nouvelle résolution ; de chaque côté nous allons faire des heureux... nous ne sommes pas trop mal partagés.

Herminie se met à son secrétaire et écrit, puis elle passe ce qu'elle vient d'écrire à Narcisse, qui lit :

« Madame,

« Depuis votre dernière visite, ou vous me demandiez, pour monsieur votre fils, la main de ma fille Amélina, j'ai réfléchi, j'ai su que monsieur votre fils était aimé de ma fille, et j'ai compris que j'avais eu tort de m'opposer à cette union. J'ai donc le plaisir de vous annoncer que je donne mon consentement à ce mariage, qui se fera aussitôt que vous le désirerez. Veuillez donc apprendre à monsieur votre fils que dès à présent il peut venir faire sa cour à Amélina, qui le recevra comme son fiancé.

« HERMINIE DE GRANDVALLON. »

— C'est bien, madame, c'est parfait !... veuillez y mettre l'adresse, et je vais sur-le-champ porter cette lettre à madame Tapin.

— Et cette jeune personne... cette Léonide... est toujours chez elle ?

— Ah ! pardon ! je n'ai pas achevé ce que j'avais à vous dire sur cette... demoiselle. Dernièrement, à la suite d'une scène assez vive, madame Tapin a cru devoir lui apprendre qu'elle n'était pas sa nièce Alors, cette jeune fille, à qui un beau gandin faisait la cour, a jugé convenable de se faire enlever par lui, en laissant pour sa bienfaitrice une lettre fort impertinente, dans laquelle elle lui reproche ce que celle-ci a fait pour elle. Je la possède cette lettre... voulez-vous la voir ?...

— Non, c'est inutile, monsieur. Il me suffit de savoir que cette personne... n'est plus chez madame Tapin.

— Il paraît qu'elle voyage maintenant ; on dit qu'elle a déjà quitté son gandin pour courir le monde avec un Anglais... ma foi, madame, je crois que ni vous, ni moi, n'avons le droit de nous opposer à ses volontés ; je lui souhaite beaucoup de bonheur, c'est tout ce que je puis faire pour elle... Je vais porter votre missive à madame Tapin...

— Monsieur... vous ne me dites pas... ces lettres que vous possédez... je voudrais les ravoir...

— Je le comprends parfaitement ! soyez tranquille, je vous les rendrai... toutes les quatre... après la célébration du mariage de mademoiselle Amélina de Grandvallon, votre fille, avec M. Alexis Tapin ; mais pas avant ! oh ! pas avant ! car je suis de l'avis de François Ier : *Souvent femme varie, bien fol est qui s'y fie !*

Madame de Grandvallon, poussant un gros soupir, a remis à Narcisse la lettre qui contient son consentement. Celui-ci s'empresse alors de se rendre rue de Provence. Il ne marche pas, il vole, et Soleil, étonné de cette nouvelle allure de son maître, le regarde de temps à autre, comme pour lui demander l'explication de ce pas gymnastique.

Madame Tapin était dans son appartement, et justement Alexis venait d'aller trouver sa mère et lui faisait part de ce que le virtuose ambulant avait fait jusqu'alors dans l'intérêt de ses amours. La maman avait écouté avec attention, puis elle avait secoué la tête, d'un air qui annonçait qu'elle n'augurait rien de bon de tout cela.

Mais tout à coup la porte s'ouvre avec fracas ; quelqu'un qui a devancé le valet qui voulait l'annoncer, entre brusquement en s'écriant :

— Excusez si je me présente sans cérémonie... mais, ma foi, quand on est porteur de bonnes nouvelles, j'ai toujours pensé que les formes étaient inutiles.

— C'est Narcisse ! s'écrient en même temps la mère et le fils.

— Oui, c'est moi... un peu essoufflé parce que je suis venu vite.. Soleil avait de la peine à me suivre.. Tenez, madame, voici une lettre pour vous, de madame de Grandvallon...

— Une lettre... de madame de Grandvallon ?...

— Oui, madame, elle vient de me la donner en me priant de vous la remettre... Lisez, madame, et lisez haut, car monsieur votre fils ne sera pas fâché d'en connaître le contenu.

Jeanneton a pris la lettre en cherchant à deviner sur les traits de Narcisse ce que cela veut dire, mais Alexis, qui voit dans les yeux du chanteur quelque chose de favorable à ses amours, supplie sa mère de se hâter. Celle-ci décachette la lettre et lit. A mesure qu'elle avance dans cette lecture, l'étonnement, la joie, l'ivresse la plus vive éclatent chez le jeune amant, qui s'écrie :

— Quoi !... il y a cela ?... tu ne te trompes pas, ma mère ? madame de Grandvallon consent à mon mariage avec sa fille !

— Oui, mon ami... vois... lis toi-même...

— En effet... c'est écrit... mais je n'en reviens pas ! et par quel miracle... c'est à ne pas le croire !... Narcisse, tout cela est bien vrai, n'est-ce pas ?... car si ce n'était qu'un mensonge, cela me tuerait !

— Rassurez-vous, monsieur, je sais que dans cette circonstance une plaisanterie serait de fort mauvais goût !... mais tout ceci est bien réel... et après tout, quoi donc de si étonnant dans le changement qui s'est opéré dans l'humeur de cette dame !... est-ce que c'est la première fois que vous voyez dire noir hier et blanc aujourd'hui ?... demandez plutôt à madame votre mère ! Tenez, ça la fait rire... Allons, ne songez plus qu'à votre bonheur...

— Ah ! je n'oublierai pas non plus que c'est à vous que je le dois. Comment donc avez-vous fait, mon ami, pour amener cette dame à donner son consentement ?

— Écoutez donc ! quand je m'en mêle je suis quelquefois éloquent... je vous conterai cela plus tard !

— Mais madame de Grandvallon me permet dès à présent d'aller faire ma cour à sa fille... ah ! je vole près d'Amélina.

— Une minute !... songez donc que cette dame vient d'écrire cette lettre à l'instant, moi je suis venu vous l'apporter en courant ; laissez-lui au moins le temps de prévenir son mari et sa fille de sa nouvelle résolution...

— Narcisse a raison, mon ami... d'ailleurs tu n'es pas en toilette, et tu sais que ta future belle-mère tient beaucoup à la toilette !... Va donc te faire superbe... puis tu iras chez ta fiancée.

— Ah ! c'est vrai... je suis si heureux... si étourdi de mon bonheur !... je vais m'habiller.

Lorsque son fils n'est plus là, madame Tapin regarde Narcisse dans les yeux, en lui disant :

— Et moi, ne me direz-vous pas par quel moyen vous avez triomphé de l'orgueil de cette dame ?...

— Oh ! vous, chère et digne dame, je ne dois rien vous cacher!... Le hasard... ou plutôt mon chien, en ramassant une adresse chez les Grandvallon, m'a fait découvrir que cette dame était née de *Santa-Flora*... enfin qu'elle est bien la fille du marquis... que j'ai... mais vous savez le reste.

— O mon Dieu! il serait possible!... — le son de sa voix m'avait déjà frappée... mais ne la voyant que de loin... à une fenêtre... et puis elle est bien changée... — et vous avez osé lui dire ?...

— Parfaitement!... elle voulait nier d'abord et me faire chasser comme un imposteur!... mais j'ai conservé ses lettres... ses écrits si bien tracés!... si purement tournés... qui souvent encore faisaient mon admiration!... il faut avouer que j'ai eu là une fameuse inspiration... ah! en intrigue d'amour, on ne devrait jamais écrire. J'ai menacé ma belle Herminie d'aller porter ces lettres à son mari... Oh! alors, elle est devenue souple comme un gant et j'en ai obtenu tout ce que j'ai voulu.

— Est-ce qu'elle sait que je connais toute cette histoire?

— Non! je le lui ai caché...

— Ah! vous avez bien fait... je n'aurais plus osé la regarder...

— Brave cœur !... c'est elle qui est coupable et c'est vous qui auriez rougi!... cela se voit souvent.

En apprenant que sa femme consent maintenant à donner sa fille au jeune Alexis Tapin, M. de Grandvallon a, pour la première fois de sa vie, fait un bond sur sa chaise ; mais ce changement lui est très-agréable. Quant à Amélina, est-il besoin de dire qu'elle est dans l'ivresse ? la pauvre petite n'ose encore croire à son bonheur, il lui semble être le jouet d'un rêve; mais la présence d'Alexis lui prouve enfin que sa mère ne s'oppose plus à son union avec celui que son cœur avait choisi.

Jeanneton va remercier madame de Grandvallon d'avoir enfin consenti à prendre son fils pour gendre, mais à défaut d'éducation, comme la ci-devant fruitière a beaucoup de finesse, elle fait sa visite fort courte, en se disant :

— Toi, ma belle dame, tu ne m'aimes pas ; moi, je ne suis pas folle de toi! sois tranquille, une fois le mariage fait, nous ne nous verrons pas souvent.

Et comme les millionnaires ont les moyens de mener rapidement les affaires, dix jours plus tard Alexis devenait l'époux de la charmante Amélina.

Après la cérémonie, à laquelle Narcisse avait assisté dans un coin de l'église, la belle Herminie, en rentrant chez elle pour changer de toilette, aperçut en descendant de voiture le chien de Narcisse, qu'elle reconnaît aussitôt. Soleil tenait dans sa gueule un petit paquet de papier ficelé avec soin; et il a couru vers elle sur un signe de son maître, qui s'est faufilé dans la cour. Herminie a saisi vivement le paquet, elle l'entr'ouvre... un regard lui a suffi pour reconnaître ses lettres, et d'un autre elle remercie Narcisse, qui disparaît dès qu'il voit que Soleil a fait sa commission.

Quelques semaines après son mariage, Alexis apprend par le bel Alfred que le bâtiment qui emportait en Amérique Léonide et son Anglais a péri corps et biens. Il ne juge pas nécessaire d'annoncer cette nouvelle à d'autres qu'à sa mère, et la bonne Jeanneton trouve encore une larme à répandre sur le sort de Léonide.

Vous pensez bien que madame Tapin et son fils ne voulurent pas laisser l'ancien clerc d'avoué continuer son état de chanteur ambulant. On lui donna une place de régisseur d'une belle propriété appartenant aux jeunes mariés; mais il ne consentit à l'accepter qu'à la condition d'apprendre à chanter à tous les habitants du pays, ce qui lui fut sur-le-champ accordé, d'autant plus que maintenant, en France, tout le monde apprend à chanter.

Madame Fantaisie ne devint pas ouvreuse de loges, mais elle fut concierge de la terre dont Narcisse était régisseur.

Quand à Soleil, que son maître voulait faire garde-chasse, il préféra n'être que braconnier.

FIN

Paris. — Typ. Walder, rue de l'Abbaye, 22.

www.ingramcontent.com/pod-product-compliance
Lightning Source LLC
LaVergne TN
LVHW052149080426
835511LV00009B/1765